自行车骑行训练突破

力量与体能

训练指南

［英］　菲尔·伯特（Phil Burt）　著
　　　马丁·埃文斯（Martin Evans）

潘震　译

人民邮电出版社

北京

图书在版编目（CIP）数据

自行车骑行训练突破：力量与体能训练指南 / （英）菲尔·伯特（Phil Burt），（英）马丁·埃文斯（Martin Evans）著；潘震译. -- 北京：人民邮电出版社，2022.4
（悦动空间. 骑行训练）
ISBN 978-7-115-56907-3

Ⅰ. ①自… Ⅱ. ①菲… ②马… ③潘… Ⅲ. ①自行车运动－运动训练－指南 Ⅳ. ①G872.32-62

中国版本图书馆CIP数据核字(2021)第134698号

版 权 声 明

Copyright © Phil Burt,Martin Evans 2019
This translation of Strength and Conditioning for Cyclists is published by Post & Telecom Co., Ltd. by arrangement with Bloomsbury Publishing Inc.
All rights reserved.

内 容 提 要

本书是一本专为公路自行车骑行爱好者量身打造的力量与体能训练全方位指南。全书共分5个部分，首先介绍了身体的全方位评估方法，然后讲解了关节活动度拉伸矫正训练动作，有支撑的活动控制能力矫正训练动作，无支撑的活动控制能力矫正训练动作等内容，最后给出了全方位的综合力量训练方法等。

本书适合所有公路自行车骑行爱好者，尤其适合那些希望进一步提高骑行运动表现的中高级爱好者阅读。

◆ 著　　　　[英] 菲尔·伯特（Phil Burt）
　　　　　　[英] 马丁·埃文斯（Martin Evans）
　　译　　　　潘　震
　　责任编辑　王朝辉
　　责任印制　王　郁　陈　犇
◆ 人民邮电出版社出版发行　　北京市丰台区成寿寺路 11 号
　　邮编　100164　　电子邮件　315@ptpress.com.cn
　　网址　https://www.ptpress.com.cn
　　北京七彩京通数码快印有限公司印刷
◆ 开本：700×1000　1/16
　　印张：10.75　　　　　　　　2022 年 4 月第 1 版
　　字数：215 千字　　　　　　 2025 年 10 月北京第 10 次印刷
　　著作权合同登记号　图字：01-2019-6880 号

定价：69.80 元
读者服务热线：(010)81055410　印装质量热线：(010)81055316
反盗版热线：(010)81055315

目 录

简 介

在讲解车下训练流程方面的内容时，许多自行车骑行训练手册远未讲到位。对于所有骑自行车的人而言，车下体能训练已经被证实对提升运动表现是有效的，但这一过程并不是我们通常看到的那样简单。

其中的问题在于，采用一刀切式的通用流程，忽略了奠定基础的关键步骤。你可以将提高体能的过程想象成建造一栋房子，如果没有坚实的地基，任何地面上的楼层，无论建造得多漂亮，最终都注定要倒塌。提升体能的失败可能是由于没有循序渐进、肌肉力量不平衡，甚至在训练过程中出现损伤造成的。的确，如果你去健身房做硬拉和杠铃深蹲，就像许多通用的自行车力量训练计划中安排的那样进行训练，你的力量也许会获得明显的提升，但是如果你没有可以安全有效地执行这些力量训练的基础身体素质，你获得的体能提升是会大打折扣且有缺陷的。

建造一座稳固的金字塔

你可以将骑行专项体能训练和所有其他体能训练想象成一座金字塔，只有底座足够结实，金字塔才能稳固。骑行专项体能训练就是塔尖上的那块顶石，金字塔的底部（第一层）是一般身体素质。一般身体素质是基础，这个基础包括关节活动度（ROM）以及活动的控制能力。例如，仰卧在地板上时，你可以将伸直的腿抬多高？如果你无法将伸直的腿抬升到与水平面呈75度角的位置，就说明你的腘绳肌和髋关节的活动受限。然后尝试将腿放下来，你能够控制住这个放下的动作，并在该动作过程中让背部不离开地板吗？

圆背

膝关节塌陷
或内扣

▶ 正如图中的这些深蹲动作，不良的动作姿态意味着任何训练从一开始就没有办法获得理想的效果，并且可能导致运动损伤。

▲ 运动员可以通过在健身房训练使自己的功率输出最大化，并将其转化为骑行表现的提高。

如果不能，就说明你无法控制在这个活动范围内的动作。这看起来似乎不是什么大不了的事情，但这种活动限制对于做提拉动作，甚至是进行日常生活中的相关活动，都有重大影响。再往上（金字塔的第二层）是与骑行有关的身体素质，但不是必须在自行车上进行训练才能提高的身体素质。与骑行有关的身体素质训练可能是在健身房进行的最大功率输出的训练，

也可能是为了让自己能长时间保持骑行姿势，而进行的提高 ROM 的训练。最后，我们来到金字塔的顶端（第三层）——骑行专项体能。骑行专项体能训练才是需要在自行车上进行的训练。不幸的是，众多自行车运动员，包括精英自行车手，通常只关注金字塔的顶端，不考虑下面的基础层。错过或忽略了这些基础层，只进行骑行专项体能训练，无论骑行速度有多快，你的金字塔都是不稳固的，迟早要倒塌。

另一种思考方式是从调节因素与中介因素的角度来思考。调节因素，如良好的力量、最佳的活动范围和高水平的适应性，形成了金字塔坚固稳定的基础。中介因素是可能导致伤害、内心崩溃或适应不良等问题的因素，既往伤病史或缺乏训练重点都可以被视为中介因素。

调节因素和中介因素之间的相互作用决定了运动员对某一训练刺激或训练项目的反应。一般情况下，试图预测这种反应的方法都极其简单，但无论是在理论研究

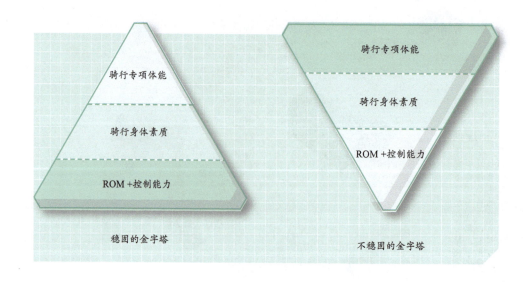

骑行专项体能

骑行身体素质

ROM +控制能力

稳固的金字塔

骑行专项体能

骑行身体素质

ROM +控制能力

不稳固的金字塔

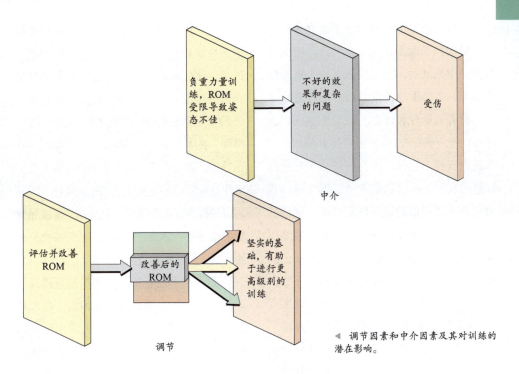

▲ 调节因素和中介因素及其对训练的潜在影响。

还是实践中，将这种方法用于对运动员的表现进行预测都是行不通的。一个例子是腘绳肌紧张，过去这被视为预测运动员受伤的依据。但是，腘绳肌紧张与运动员受伤之间并无关联，而且非常紧张的腘绳肌也可以相当强壮。这种简单方法不起作用的原因是人体是一个极其复杂的系统。即使拥有大量的数据和最强大的超级计算机，我们也无法绝对准确地预测未来几天的天气，那么我们又怎么能够认为可以将一种通用的预测方法应用到同样复杂的人体上呢？有太多的调节因素和中介因素在相互作用，同时影响和干预着最终结果。

每个人都是不同的，我们把车手分为微观调节者和宏观吸收者。微观调节者对变化极其敏感，很容易因为一点点变化就陷入适应不良的状态，也就更容易受伤。这种类型车手的一个代表人物是本·斯威夫特，他连自行车设定的最微小的变化都能感知到，所以他不得不在车下体能方面进行非常努力的训练以提高身体的复原能力。另一个极端是宏观吸收者，以杰兰特·托马斯为代表。即使在训练过程中你把厨房里的水槽扔给他，他也能把水喝了（指能继续训练）。在大环赛中，让他骑别人的自行车，即使该车的设定与他的车明显不同，他也可以继续比赛，并且几乎不会注意到车有什么差异。在学校里，可能有这么一个孩子——你可能就是这个幸运儿——他天生就擅长一切。这种人就是一名宏观吸收者。

无论你对训练有怎样的反应，也无论你是受伤体质还是有某种伤病史，对某一个车手有效的方法很可能并不适合你。一个很好的例子就是埃德·克兰西，他从背部受伤中恢复后，我们让他在一个低压舱中骑车，负荷很小，但足以对心肺造成压力。所有的研究和过去的经验都表明，这样的训练应该有效，但实际情况并非如此，他的表现越来越糟。因为训练结果与我们预想的相反，所以我们不得不再为他寻找另一种方法帮助他进行恢复训练。同样，在环法自行车赛开赛前组织的异常残酷的泰德峰高原训练营，将布拉德利·威金斯和克里斯·弗鲁姆的表现提高到了环法自行车赛冠军的水平。然而，在同一训练营中，也有很多车手在大负荷的训练下崩溃。没有一项训练会适用于所有人，虽然我们可以对结果进行智能的、有根据的预测，但是也必须全面考虑，灵活应对。

如果我们无法准确预测调节因素和中介因素是如何相互作用的，那我们还能做些什么呢？将筹码全都押在调节因素上是看似可行的解决方案。将筹码全部押在调节因素上意味着要努力训练，同时要聪明地训练，建立坚实的调节基础。你可能没那么幸运，不是天生的宏观吸收者，但是通过努力建造稳固的金字塔，重视车下训练，你在比赛中的胜算也可以显著提高。

适合哪些人群？

考虑到包括遗传学、伤病史、个人运动水平，甚至日常工作在内的各种因素，只有极少数人具备可以直接进行负重力量训练所必需的 ROM、控制能力和力量。这

不是批评或谴责你的能力。即使是奥运冠军和环法自行车赛冠军也有相同的问题。过去，评估和解决这些问题需要借助医学专家和体能训练专家的专业知识与技能，这基本上是精英级运动员才能享受的特权。然而，在本书中，我们将提供专业知识，并指导你完成有效的、易于遵循的训练流程，确保你能够打好坚实的基础，知道什么时候可以进行更高级的训练。只要你严格按照我们的指导进行训练，毫无疑问，你将会变成更强壮、恢复能力更强的车手。

这一训练流程的核心是根据英国自行车队使用的车手筛选流程改编的一套评估办法。这一评估办法可以快速识别出你的优势和不足，并指导你进行相应的训练。然后，你就能得到一个高度个性化的、完全适合你当前身体优势和不足的训练方案。通过完成评估后制订训练计划，然后重新进行评估，你可以发现自己正以安全有效的方式取得进步、让身体变强。

本书内容适用于各种类型的车手，包括彻头彻尾的新手和伤愈重返赛场的车手，以及雄心勃勃、经验丰富、想要提升个人竞争优势的车手。你不需要购买昂贵的运动器械，大多数车手在自己的家中就可以取得显著的进步，无须去健身房训练。然而，本书提供的不是一个立马就能有效果的提升骑行表现的训练方案，但是只要你一直正确地按照这个训练方案进行训练，它将帮助你建立宝贵的、全面的训练基础，

▶ 精心设计和个性化的自行车体能训练计划适合所有级别的车手。

让你在未来几年内都能受益。它是一个可以不断重复使用的工具，而且不论是自行车运动员，还是其他体育项目的运动员，都可以使用。如果在赛季的强化期或比赛期你减少了车下体能训练，但只要在自己需要的时候重新进行评估，找到自己当前在训练计划中的位置，你就可以重新进行相应的训练。你可能会发现，由于自己进行了更多的骑行训练，其他方面退步了，但是你要知道，只要按照本书的指导、遵循评估后的训练安排，你就可以成功地重建和平衡你的体能金字塔。

你可能会认为这种个性化、结构化的方法只适用于职业运动员，但事实并非如此。定期进行车下体能训练，对于业余车手而言会更加重要，能够带来的益处也更多。回想一下我们在前文讨论的体能金字塔，在身体活动和体能方面，骑行是一项十分有限的运动，不能帮你打造至关重要的全方位运动的基础。而如果没有这个基础，包括骑行专项体能在内的金字塔的上层，都将受到限制。如果只专注于骑行，那么你的金字塔将被倒置，正如我们之前所讨论的那样，它会变得不稳固或不可持续。

必须明确的是，有充分的研究数据表明，车下体能训练无疑会让你骑得更快。你可以通过提高肌肉的工作能力，增强踩踏自行车踏板的力量。它最明显的效果体现在冲刺或爬坡登顶的过程中，同时，它能改善你在不同强度下的骑行能力。通过提高肌肉的能力，特别是提高肌肉施加力的速率，在次最大强度下骑行时，你的身体将更能适应这种运动强度。这将提高你的运动效率，从而使你骑得更快、更远。这就好像以113千米/小时的速度在高速公路上行驶：最快速度为257千米/小时的汽车在速度为113千米/小时时的效率比最快速度为145千米/小时的汽车在速度为113千米/小时时的效率更高。这些好处与40分钟计时骑行的表现密切相关。还有证据显示，车下体能训练还可以帮助精英车手提高30秒的输出功率，以及在骑了185分钟的自行车

▶ 如果你选择在健身房里训练，那么一些专注的车下训练可能比骑动感单车对提高你的骑行表现和心智更有益。

之后，5 分钟的输出功率。

另外，它还会带来许多其他好处，最重要的是帮你强健体魄，提高身体伤后愈合的能力。与职业车手不同，他们在生活中要么在骑自行车，要么坐在沙发上，而你必须把孩子从车上抱下来、提着采购的商品走路、在花园里做园艺工作。通过提高综合身体素质或运动能力，你将能够更好地应对生活中各种各样的事务。缩短受伤后用于恢复的时间也就意味着你将有更多的时间骑自行车。

你可以评估一下自己身体活动的自由度，许多车手的自由度都非常有限。如果你身体活动的自由度也有限，例如髋部和下背部肌肉非常紧张，那肯定会直接影响骑行。自由度有限意味着你只能在一个有限的活动范围内踩踏自行车踏板并产生动力，而在一次骑行过程中，你的双腿几乎在成千上万次地重复同一个动作，而且经常要运动到力竭。因此，这可能造成过度使用伤害，加剧身体失衡。通过车下体能训练，你的身体可以获得更大的活动范围，变强壮，同时可以得到更高的自由度，你的身体将不再局限于使用一个途径来产生动力，从而也提高了你在车上和车下的恢复能力。

最后，车下体能训练可以让你更健康。它可以减缓甚至逆转与老化相关的肌肉质量损失问题，改善你的健康状况、增强你的力量、帮助你控制体重。它还可以改善骨骼健康状况，特别是骨密度，骨密度低对于大环赛车手来说也是一个问题。

打破传统

专业自行车运动是一项传统的运动。但令人惊讶的是，直至今日，车手们训练和进食的方式仍然与 20 世纪 50 年代的车手非常相似。无论是每年都要骑行数千千米，还是在冬季进行基础训练时按照可以聊天的强度慢慢骑行，或者是比赛当天早上 4 点起床，吃一份牛排当作早餐，这么多年来，大家一直都是这样做的。这些做法从来没有受到过质疑，很多车手退役后成为车队经理或教练，这些传统就又被传递给了下一代。车下体能训练充其量只被认为是休赛季里的一点乐趣，而且往往只包括越野滑雪或在训练营中进行的几次随意的、毫无目的的力量训练。究其原因，是人们认为车手就是来骑车的，所以他们应该做得最好的，或者说唯一应该训练的，就是骑自行车。然而，随着体育科学这门学科的日益成熟，更多的声音开始挑战自行车运动的教条，事情慢慢发生了变化。更加前沿的车队，如英国自行车队和天空车队，抛弃了旧的规则，看向封闭式的自行车训练外面的世界，并彻底改变了这项运动。他们致力于提高车手的运动表现水平。一个长达 5 ～ 6 小时的环法赛段，当车手们快到达终点时，以爬坡或平地冲刺的方式结束比赛后，传统的做法是喝上一罐可乐，然后直接回酒店，或者根据要求上台领奖或接受采访。

疼痛

无论是骑车之后，还是完成了一次力量训练之后，出现腰疼都是身体适应新活动的正常反应。腰疼当时看起来可能令人担忧，但并不一定是坏事。

在某些时候，疼痛可能非常有用。如果你想把烤箱里的砂锅拿出来，但是忘了戴烤箱手套，疼痛会让你的手在被严重烫伤之前快速放开砂锅。这就是一个有用的疼痛——它让你不会受到进一步的伤害。同样，一条腿受伤的狗，在恢复的这段时间里，疼痛会让它知道伤腿可以承受多大的力量，然后通过逐渐增加受力，一点点地恢复伤腿的力量和功能。只有当疼痛变成慢性疾病时，它才会变得无用并且成为问题。

回到腰疼的问题，腰疼非常普遍，腰部受伤后的常见处理方法是休息并避免进行可能导致受伤的活动。这样做在一开始是正确的，但这种做法只需要持续很短的一段时间，一般几天即可。问题在于，很多人会把这个时间延长到几个星期。这样做，疼痛确实可能得到缓解，但同时背部的情况会恶化，背部会变得更加容易受伤。即使最初的问题已经解决并且没有留下任何后遗症，疼痛通常也会持续甚至会恶化。如果最初的疼痛演变成慢性疼痛，身体就会无端地产生疼痛信号。尽管休息可能看起来是最好的方法，但往往在最初的炎症期后，以受控的方式活动相应的部位并适当增加负重才是获得完全康复的更好途径。

慢性疼痛，包括腰疼在内，可能是一个恶性循环。大家在这时都很容易陷入一种心理活动，那就是害怕去做那些对治疗疼痛有益的事情——活动和锻炼——因为认为这样做会疼，甚至可能造成更大的伤害。事实上，什么都不做反而会使疼痛加剧，你会陷入一种叫作疼痛行为的模式。克里斯·霍伊就是一个逆向思维的典范，这也可能是他获得6枚奥运金牌的原因之一。他会带着上一次训练遗留的疼痛来到健身房，他不会向别人说自己没办法做负重训练，相反，他会问如何才能完成这些训练。

我们并不是建议你采取"没有痛苦就没有收获"的方法，如果你有急性或持续的慢性疼痛问题，那么寻求专业的医疗帮助绝对是明智之举。我们的建议是，不要把注意力放在因疼痛而无法做到的事情上，而要思考在疼痛存在的情况下你能做什么。

你可能会遇到的另一种类型的疼痛——特别是如果你是刚开始接触车下训练，或者你是在休赛期第一次做力量训练，那么你就会感受到这种疼痛——即延迟肌肉酸痛（DOMS）。如果你进行了一个肌肉不熟悉的训练，就会给肌肉造成压力，迫使它们去适应和自我修复。这个适应和自我修复的过程包括会出现一定程度的炎症，这些炎症可能导致你在运动后的12～24小时出现疼痛并且疼痛会持续24～48小时。这不是一件坏事，虽然它可能会让你在上楼梯时都很难受，但你不应该试图减轻这种疼痛，因为作为适应和自我修复过程的组成部分，它会让你变得更强大。因此，你不需要进行冰浴，因为训练的目标是给身体造成压力，刺激其做出反应——变得更强壮。DOMS 正说明训练的刺激起了作用，是身体的适应过程。如果采取某种方法来减轻这种反应，实际上是与训练目标相矛盾的。冰浴适用于减轻进行橄榄球等接触性运动的运动员的疼痛感，挫伤导致的 DOMS，如僵硬和酸痛等。如果你的 DOMS 情况很严重，可能最适合做的事情就是轻松地踩一踩自行车。

有时候我们很难确定疼痛到底是真的受伤了，还是身体对所做的训练做出的自然反应。一个有效的判断方法是，检查疼痛是出现在身体两侧还是只出现在身体一侧。例如，如果两条腿的腘绳肌都疼，而你前一天做了几次自行车冲刺训练或负重训练，那可能只是 DOMS。如果只有一侧出现疼痛，并且疼痛集中在某一部位，那么可能是身体活动受限或出现了其他需要解决的问题，也许还需要专业的医疗指导。

▼ 骑自行车可能会引发身体疼痛，但这种疼痛必须适度。

自行车骑行训练突破：力量与体能训练指南

尽管赛段最后的争夺非常激烈，但很少或根本没有人考虑过骑行后应如何进行恢复。当初，天空车队在赛后让他们的车手在骑行台上做"冷身"时还被视为怪人，但现在所有车队都采纳了这种做法，并且很难想象有人不这样做。天空车队还将车手的床上用品从一个酒店运送到另一个酒店，而单调的意大利面被富含蛋白质的肉类、蔬菜汁和鱼油所代替。这种做法最初与赛后冷身一样被认为是非常可笑的、不断被质疑的，但随着天空车队在巡回赛中获胜次数和奥运奖牌数量的增加，这一做法引起了整个自行车界的关注。车下体能训练也经历了同样的过程，尽管学术界对其给骑行带来的好处进行了多年的研究，但直到今天它才被视为所有车手的必备工具。

场地车的学问

英国自行车队成功模式的关键组成部分之一，是关注场地车的计时项目。这些项目不包括公路赛中那些不可预测的和战术性的元素，可以进行准确的评估和计划。也就是说，车队对胜利的预测可以精确到秒，然后通过结合训练、饮食和器械来提升车手的运动表现，以达到这个时间。英国自行车队最成功的场地项目之一是团体追逐赛，但在过去的3个奥运周期中，这一项目发生了巨大的变化：运动员们的速度变得越来越快，模糊了短距离赛事和中长距离赛事之间的界限。尽管团体追逐赛通常持续大约4分钟，从生理学上来说肯定属于耐力运动，但是，车手在队首时，必须维持15～30秒的近乎最大功率的输出，而且启动时也需要产生巨大的力量才能让大齿轮转起来。健身房训练一直是短

◀ 车手们一般会为了参加团体追逐赛而进行健身房训练，后来他们也开始看到这种训练在提升公路骑行表现方面的用处。

距离运动员训练的重要组成部分，因为经常在健身房进行训练，这些短距离运动员常被戏称为偶尔骑自行车的健美运动员，并且随着短距离与中长距离队伍和教练员们的紧密合作，他们萌生出了很多新的想法。英国自行车队的耐力教练，如保罗·曼宁、丹·亨特和马特·帕克开始思考，让那些参加团体追逐赛的公路车手进行健身房的训练是否能够获得收益。最初这个想法被回应"省省吧"，然后被人们所遗忘，这是因为人们仍然被笼罩在惧怕受伤的阴影之中。不过，这种情况慢慢开始改变了，特别是在伦敦奥运会（2012 年）之后，健身房训练成了耐力训练计划中的必要组成部分。由于大多数车手也参加公路比赛，他们开始看到这种训练给公路骑行带来的好处，从此，进行车下体能训练的想法开始渗透到整个职业车圈。一个从场地到公路的成功例子是，布拉德利·威金

斯在 2014 年世锦赛计时比赛中取得的突破。在这次比赛开始之前，他进行了一个为期 12 周的专项训练。与参加多日赛时的体格相比，这个训练让他为完成全长为 47.10 千米的庞费拉达赛道变得更加强壮。最终他以 26 秒的优势打破传奇人物托尼·马丁保持的纪录。

牺牲骑行时间是否值得？

由于工作、家庭和其他事务已经占据了很多时间，许多业余车手都很担心浪费宝贵的骑行时间，更不用说每周要拿出两三小时进行车下体能训练了。但既然你已经打开了本书，就说明你已经对车下体能训练产生了兴趣，不过，减轻这些担忧也是必要的。

自行车骑行训练突破：力量与体能训练指南

"核心"是什么?

你可能会感到惊讶，一本关于车下体能训练的书，到目前为止，竟然还没有提到"核心"这个词，也没有讲培养核心稳定性的重要性。严格来说，"核心"和"核心稳定性"这两个术语被很多人严重误解，它们的滥用导致大批车手以及其他运动员和纯粹以健身为目的的人，浪费了大量宝贵的时间。对拥有可以独立活动的四肢的人来说，他们能够控制身体的中心枢纽，也就是躯干，非常重要。然而不知何故，健身行业和健康类媒体似乎沉迷于将注意力放在一些孤立的肌肉上，而没有从整体上看到躯干与四肢以及身体其他部位深层的、复杂的相互作用。

这种错误的简化认知经常被发展到极端。在许多情况下，当人们谈论核心时，他们通常指的是被认为对脊柱稳定性特别重要的某一具体肌肉，特别是腹横肌（TrA）。

20世纪90年代，在澳大利亚进行的一项研究表明，腹横肌弱是腰疼的主要原因之一。由于背部疼痛在现代社会中普遍存在，理疗界首先采用了"稳定核心"这一"万灵药"，接下来是健身行业，核心稳定训练的热潮随之兴起。针对腹横肌的小型、精准且孤立的活动，不仅被用来治疗背部受伤的病人，还成为那些寻求表现提升和伤害预防的健身爱好者与运动员们的"必备良药"。如今，更为人们普遍接受的观点是，躯干的许多不同肌肉共同实现躯干的某个功能，而且用于稳定躯干的肌群也会因为正在进行的动作的不同而发生改变。例如，骑自行车和硬

拉时，躯干的工作方式会有很大不同。因此，我们在看待和使用核心训练前，都要问自己一个相同的问题：我想要实现的目标是什么?

你是否在手术或受伤之后，试图修复躯干功能? 如果是这样，那么一些常规的核心训练策略——孤立某些肌群并训练它们进行不断收缩的动作，例如，收缩腹部类的动作，就不太适合你。这种非常受"核心"爱好者追捧的"核心"类动作可能不是适合你的解决方案，因为相关肌肉通常以被动的方式工作，而不是进行主动的持续收缩。

回到前面提到的关于腰疼的研究，腹横肌活动的激活仅有20毫秒的延迟，这超出了人类主动意识的控制范围。因此，训

▼ "核心稳定"并不是健康和健身行业描绘的那种"灵丹妙药"。

练这种肌肉进行支撑和持续收缩不能解决根本问题，即没有缩短反应性收缩的时间，因此这种训练可能不仅是无效的，而且可能是有害的。

骑行期间和骑行之后的腰背酸痛、不适或紧张，通常被认为是核心肌群弱的表现。因此，许多车手花费大量时间进行锻炼，但通常只是平躺着做非常少量的活动，希望借此来解决问题。然而，通常的情况是，骑行期间或之后的腰背酸痛更可能是自行车设定不正确，或者车手缺乏体能，抑或是多种因素综合造成的。

如果你是第一次参加马拉松比赛，那么比赛过程中你很可能会感到有些不适，而比赛后则一定会出现不适。同样，如果你已经习惯了以一定的强度骑行 1～2 小时，然后将时长提升到 3 小时或提高强度，那么你就会感受到变化。由于骑自行车时身体保持向前弯曲的姿势，你的躯干和腰部的肌肉组织必须努力工作，这可能是你最终感到这些部位有点僵硬和疼痛的原因。某些改善活动性的训练和力量训练对缓解上述症状会有所帮助，结构化的自行车训练也肯定会有所帮助。然而，可能不会有太大帮助的方法就是几小时的"核心强化"训练。我知道，马上会有车手站出来反驳这个说法，他们确信一轮"核心强化"训练解决了他们骑车腰痛的问题，但事实是，这种"治疗"也许只是导致了疼痛的高强度活动后的休息在起作用，也就是说恢复只不过是时间问题。

腰痛或任何疼痛，可能是身体适应的症状。我们继续看那个骑了 3 小时的车手，如果他以后继续进行 3 小时的骑行，

他的身体，包括下背部的肌肉组织，就会适应——他将能够骑行那么长的时间而不会再那么不舒服。不过，前提是自行车和车手所组成的这个系统中的其他一切都完好且功能正常。这包括他的自行车设定和身体的整体体能训练。例如，他完成了我们在第 1 章中讲到的评估内容，但是由于髋屈肌紧张或受限，他进行主动直腿抬高时一直失败，那么这就说明系统有缺陷。在这种情况下，适应过程会受到影响，这就是为什么一个全面且个性化的体能训练方法是必不可少的，而不应该只骑自行车，当然更不应该只是进行不合理的核心训练。

训练核心肌肉以缓解腰疼的这个被过度简化的方法之所以失败，是因为它试图孤立一个因素来解决复杂的多因素问题。正如前面已经讨论过的，当谈到中介因素和调节因素时，这种简化方法对于人体这样的复杂系统来说根本不起作用。

无论我们喜欢与否，"核心"一词会一直被我们使用下去，但它对不同的人来说具有很多不同的意思。作者认为我们不太可能改变这一点，但我们应该努力发现更好、条理更清晰的方法来描述躯干在人类活动和骑行表现方面的重要作用。

希望我们能够认识到躯干稳定性、力量和活动性对于我们的肢体和躯干本身的活动以及保护我们免受疼痛和伤害同等重要。我们必须停止过度简化人体系统或降低问题的复杂性的做法，也不能再采用一站式的、笼统的、狭隘的解决方案。

首先，正如我们前面解释的那样，车下体能训练可以提高车手的骑行表现水平，从长远来看，还能节省因伤痛而耽误的时间。其次，它与训练的规划和安排有关。车下体能训练绝对不是要求车手必须在健身房训练3小时，而且周而复始，一直伴随车手的整个骑行生涯。这些训练有不同的阶段，例如在大赛前的最后一个强化期或在比赛期间，车下体能训练就非常少，仅用来维持之前训练的效果。然而，在那些大的耐力强化期或比赛期之前，车下体能训练可以让身体为即将到来的严格的自行车骑行训练做好准备。因此，对于很多车手来说，冬天是专注于健身房训练的好时机，健身房训练还可以帮助车手摆脱恶劣天气的困扰。但是，如果车手主要参加的是公路越野赛或场地赛，那么休赛季可能是春季或秋季。这时，车手需要确定几个主要目标，它们的优先级，以及如何安排健身房训练才能够获得最大的收益。我们确信，任何车手都可以从车下体能训练中受益。这只是一个让收益与骑行目标进行最优化搭配的问题。这种训练方式与我们和英国自行车队的车手合作的方式没有什么不同，而且他们也认可，在一年中的某些时候，他们的骑行表现确实会受到健身房训练的影响，但有时，繁重的公路训练让他们变得疲惫不堪，表现水平会下降。然而，他们知道，随着训练的进行、比赛日期的临近，车下体能训练是他们成功的基础。如果你正处于车下体能训练的周期内，那么如果在周日俱乐部活动中，你的表现不尽如人意，也不要感到惊讶，你必须要接受这一事实。你要知道，在春季参加第一场比赛时，这些训练会回报你的。

骑行动作的高重复性

当人们（甚至是合格的教练）谈论自行车项目的力量训练时，你经常听到的一个观点是，应该做低负重和高重复的训练，因为这满足了骑行动作的高重复性需求。

这个说法在两个层面上是不正确的。首先，你不是要在健身房里模拟骑行的动作，而是希望改变肌肉的性质，然后将更强壮的肌肉用于骑行。例如，即使你使用超高负重执行了5组50次的模拟骑行动作，仍然只重复了250次。这可能看起来很多，但是事实上，只需要骑行3分钟就可以达到这个数量，所以所谓的通过高重复的训练来模拟骑行的观点也就没有了意义。其次，为了提高可以施加给踏板的力量，你必须让肌肉承受足够的负重。然而，几组20次或更多次的负重训练，其负重水平不足以刺激肌肉产生更大的力量输出。低负重、高重复的训练充其量是浪费时间的无效方法，因为其间还往往涉及不良的姿势和匆忙完成的动作，这反而可能加剧现有的活动受限问题。

▲ 虽然冬天经常被视为车下体能训练的最佳时间，但如果你的目标是参加公路越野赛，那么春季或秋季可能更适合进行车下体能训练。

　　一份好的骑行训练计划应该是循序渐进的，并且是根据车手的主要目标制订的。如果你只是反复做同样的事情，周而复始，还期望不断提高，那你只会很快到达瓶颈期并开始原地踏步。数百万年的进化使人类的身体变得异常高效，除非我们给它们非常充分的理由，否则我们的身体不会投入宝贵的资源去改变自己。这些理由就是训练提供的刺激，如果这些训练刺激不经常挑战你的身体，你将会陷入训练的困境。更多地专注车下体能训练，可能意味着你将在到达瓶颈期之前的一段时间内进行车下体能训练。当你有效地完成了力量和体能训练，重新回到车上训练时，就可以打破这个瓶颈并使自己的表现提升到新的水平。

　　此外，你还会发现，从初步评估开始，到那些会严重影响骑行状态的负重训练之间，还有另外几个训练阶段。我们推荐的许多训练都可以成为训练流程中的永久性内容，也可以作为负重训练之前的训练内容，还可以安排在包括骑行训练在内的一般训练的前后。

　　例如，大腿后侧打开动作（参见第2章），无论对于刚刚结束了艰苦骑行的车手，还是坐了一天办公室或开了一天车，正准备出门骑车的车手来说，都是一个非常不错的训练动作。

　　我们将在本书后面详细介绍如何安排车下体能训练，如果你的训练时间非常有限，我们将给你推荐最有效的几个训练动作。

车下体能训练的频率和量，取决于车手的训练阶段、水平以及目标。在计划的初期阶段主要进行加强活动度的训练，每天只针对薄弱环节进行适量的训练，应该是最有效的。不过，安排 20 ～ 30 分钟的专项训练更可以确保训练取得进步。这种训练一般不会对骑行产生负面影响——即使有影响，也是积极的——并且不需要安排专门的时间来恢复。

如果你进入了负重训练阶段，应该知道，大多数研究表明，为了获得生理适应，训练周期应该为 8 ～ 12 周。理想情况下，在此期间应该每周执行 2 ～ 3 次专门的车下体能训练，每次训练之前安排 48 小时的恢复时间。在这段时间里你当然可以继续骑自行车，但重要的是，不要让骑行影响车下体能训练的质量。不要试图把所有训练内容都放在一起，你应该合理安排训练，并专注于实现特定训练阶段的主要目标。

我如何知道该做什么训练？

许多关于自行车训练的书籍都忽视了一个关键因素，那就是每个车手都是不同的。这些书通常会给出一个通用的车下训练流程，很少或根本没有考虑到车手的个人优势和劣势。例如，你会看到几乎所有骑行力量训练计划中都安排了杠铃深蹲。的确，这是一个很好的动作，但绝大多数车手因为缺乏躯干力量、全面的灵活性和动作技术，并不能安全有效地进行这个动作。当车手进入英国自行车队时，我们几乎可以一眼就看出某些训练不适合某些车

手，或者在进行负重训练之前，某个车手需要先解决一些动作或姿势问题。所有的车手都是不同的，即使顶级车手也是如此。我们已经谈到过微观调节者本·斯威夫特和宏观吸收者杰兰特·托马斯之间的区别。他们需要做的车下体能训练也会有很大的不同。本书提倡必须投入大量时间做车下体能训练，纠正动作和姿势问题。这样做比什么都不做、只骑车，更能够让你成为一名更强大、更成功的车手。

本书的出发点是自我评估，通过自我评估，你能够确定自己的优势和劣势。

这个自我评估源自进入英国自行车队的所有车手都要进行的一套筛选流程。车队除了对车手进行身体测试，还要调查车手的生活方式、过去的训练情况和伤病史，以及家族病史。这个自我评估将帮你确定个人的需求、身体的局限和风险，提供最适合你的个人训练方案。完成自我评估后，本书将告诉你哪些训练对你更有效，包括训练的组数和次数，以及如何制订计划、安排训练课。

通过不断重新评估，你将专注于具体的、个性化的目标，构建金字塔的基础，不断取得进步。训练流程也不会一成不变，而是会随着你取得的进步而不断变化升级。根据评估结果，你可能需要从活动性和活动控制能力训练开始，最后是活动能力训练和负重训练。训练计划的每一步都有助于你变成复原能力更好、更强大、更快、更成功的车手。

我需要什么样的训练器械？

根据你的评估结果，你会进入训练计划的不同级别。第一级，主要是提高活动范围内的控制能力，器械需求最少，最多需要垫子、泡沫轴、按摩球、阻力带、哑铃或壶铃各一个，也许还需要长凳或台阶。对于大多数车手来说，完成这一级别的训练后，体能将出现明显的改善。随着负重的增加，更高级别的训练将需要更多的器械。这时可能需要你去健身房，以便可以使用必要的器械，进行负重训练。

然而，重要的是，你要知道大多数车手能够从低级别的动作控制训练和自重训练中受益。只要循序渐进地进行这些训练，车手就可以显著降低在骑行中受伤的风险。

我会变成大块头，上坡变慢吗？

这套训练计划的主要目标是提高你的一般身体素质和一般活动能力，然后提高肌肉力量的峰值和发力的速率。瘦肌肉的增加可能会是这种训练的副"产品"，但进行这种训练，肌肉肯定可以在不增加质量的同时变得更强。事实上，一项针对精英车手的研究发现，通过训练，他们在不增加体重的情况下获得了更多的大腿肌肉。要知道，想要增加大量的肌肉是非常困难的。我们以健美运动员为例来说明这一点，他们采取的第一步就是尽量减少训练中的有氧和耐力运动。将车下体能训练与骑行相结合，你绝对不会变成绿巨人。此外，除非你已经拥有出色的功能性动作能力，否则在一段时间内你也不会接触大负重训练。

本章总结

所有的车手都是独特的个体

每个车手都是一个独立的人，就像每个人的功率和心率训练区间都不一样，训练课程和整体训练计划也应该量身定做，车下体能训练也是如此。只有先确定个人的优势、局限和弱点，才能制订适当的、有效的车下体能训练计划。

建立坚实的体能基础

你可以将体能训练视为一个金字塔，而构成其基础的一般身体素质，如 ROM 和活动控制能力，经常被忽视。实际上，骑行体能和骑行表现应该只被看作金字塔的塔尖。对于绝大多数车手来说，他们的金字塔通常是倒置的，即使是正置的，其底座也很窄。这也就是说，在这种金字塔中，所有的体能层都是不稳固的，而且容易因为受伤而崩塌。车手们应该投入时间来建立一个宽大而坚实的基础，稳定金字塔的上层结构。这可以使车手不易受伤，并且会直接改善车手的骑行表现。

疼痛

与制订训练计划一样，疼痛也是非常个性化的。它可以非常有用，例如防止我们灼伤自己的手；也可能使人变弱，例如慢性腰疼。疼痛出现时，寻求专业的建议是明智的，但在大多数情况下，在受伤的炎症期过后进行主动控制的、循序渐进的活动，而不是单纯的休息，才是康复的最佳途径。

抛弃教条

自行车运动是一项深受训练教条影响的运动。直到最近几年，这种"过去一直都是这么做"的思想才受到了挑战。车下体能训练则是其中最重要的进步之一，过去它很少受到关注，如今却被视为所有顶级车手必不可少的训练内容。即使你不参加大环赛也不争夺奥运金牌，车下体能训练也能改善你的骑行表现，还能提

高你的整体健康状况和防止受伤的能力。

珍惜时间

我们知道骑车的时间对你来说是多么珍贵，因此除非我们确定你能提高，否则不会建议你牺牲一部分时间来进行车下体能训练。特别是在早期阶段，当你专注于打造广泛的运动基础时，每日进行适量的训练真的很有效。当你进行负重训练时，你会学习如何将这种类型的训练加入你的自行车赛季中，从而最大限度地提高其对骑行的积极影响。

最小的工具包

完成大部分训练计划所需的器械很少，你也不需要成为健身房的会员。只有进行更高级别的负重训练时你才需要使用健身房的器械——而这对于绝大多数以提高耐力为训练重点的车手来说是不必要的。

▼任何车手，无论属于什么级别，都可以从结构化、个性化的车下体能训练中受益。

第 1 章

评 估

正如我们之前讲到的那样，许多自行车训练手册都只提供一种通用的车下训练流程。最好的情况是，这些训练方案是无效的，只是浪费了车手宝贵的时间，但在某些情况下，它们甚至是危险的，可能给车手带来伤害。

正如我们在简介部分所讲的那样，就身体动作和体能而言，自行车运动是一项范围非常狭窄的活动，因此，许多车手在活动能力和身体素质方面都有局限。盲目地让他们按照一个流程去训练，例如，让每个车手都做深蹲或硬拉，对他们的身体造成的损害可能是灾难性的。只有先确定了车手当前的水平和短板，我们才能制订出一套合适的训练计划。这就是为什么评估是车下体能训练的重要组成部分。

这套评估系统是本书的基础，它源自车手在加入英国自行车队时所做的筛选测试。如果在评估过程中发现了车手的不足，那么对该短板进行补救将是车手的首要任务。这可能意味着，在一段时间内车手都要在健身房进行负重训练，甚至连骑行的时间都要减少。但我们知道，就他们的长期职业生涯和成功而言，这是一件必须做的事情。

同样，你也可以确信，通过确定个人的优势和劣势，你所做的车下体能训练都是针对你的个人需求的，而且是有效的。如果我们对自己足够了解，肯定都愿意去做能够发挥自己优势的事情。你可能会喜欢某些自行车训练，由于擅长，因此你更愿意去做。如果你是一个爬坡型车手，你肯定喜欢在骑行时翻山越岭；而如果你是一个体型较大的全能车手，则更倾向于在平坦的线路上骑行。然而，在大多数情况下，

通过识别并关注自身的弱点，我们能够获得更大的收益。这个理论也适用于车下体能训练。而弥补评估过程中所确定的弱点，应被视为提升运动表现和复原能力中更容易实现的目标。你应该在强化弱点的同时保持目前的优势，这样做将帮助你构建坚实的体能金字塔基础，让你成为一名更强大、更全面、更成功的车手。

▼评估就像是汽车年检，通过评估，你能了解自己身体需要强化的具体方面。

这个评估和训练流程适合我吗？

首先你应该清楚，这不是一个针对骑行能力的评估——我们认为你已经知道这一点——它评估的是，你是否可以安全有效地进行阻力和力量训练。通过测试和评估你当前的水平，教练可以确定应该如何培养你最需要的活动能力。

这也不是一个一次性的评估。作为一名运动员，你需要不断重新评估、不断升级、不断发展、不断提高。你可以将这个评估视为与维护自行车类似的一项工作。每次骑行前我们都要检查自行车，必要时，给轮胎充气，拧紧碗组，润滑链条；如果自行车坏了，你可以通过一些简单的方法使它正常地工作。就像骑行前的车辆检查，你可以把这个评估看作训练前的身体检查，把相应的训练看作对身体的维护。

下图显示的是车手的正态分布曲线。曲线两端是不适用本书所述方法的两个相对较小的群体。其中，位于曲线一端的是那些由于医学方面的原因而具有超出本书范围的专业需求的车手；曲线的另一端是世界级的运动员，他们的训练计划中已经包括了高水平的力量和体能训练。处于中间部分的绝大多数车手，从新手到竞技车手，都可以从本书中受益。

在进行评估之前，你的身体应该没有疼痛，或者，如果你最近受了伤，或无论是在车上还是在车下出现了疼痛和不适，都应该先咨询专业人员。

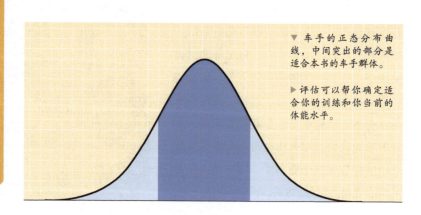

▼ 车手的正态分布曲线，中间突出的部分是适合本书的车手群体。

▶ 评估可以帮你确定适合你的训练和你当前的体能水平。

　　他们应该能够帮助你决定是否可以继续进行评估和训练。评估和随后的训练对很多可能出现的异常情况的处理和缓解损伤，都是非常有益的。例如，许多车手发现骑行 1～2 小时后，他们的腰部出现了疼痛或紧绷的感觉。假设他们的自行车设定是正确的，并且他们过去和现在都没有可能引发这种情况的潜在伤病。这时，本书提供的这种系统的方法就能帮他们识别问题，并通过适当的、有益的训练来解决问题。

　　你需要将车下体能训练作为你的整个训练计划的基本组成部分。要取得进步，你必须投入时间，定期训练并坚持下去。这不是一个快速解决问题的方案，但只要你正确遵循这一方案，它将有益于改善你今后的车上和车下表现。

　　你不需要拥有车下体能训练或健身的经验。本书所有的评估测试和后续的训练均提供了完整说明和图片演示。

事实上，如果你像一张白纸一样，遵照本书去做可能效果会更好。因为很多曾经接触过力量训练的车手可能已经养成了不良习惯，接受过不正确的指导，现在让他们减少负重来纠正自己的姿势，他们会很难接受。

可能已经有教练、bike fitter（对自行车及车手进行骑行设定的专业技师），甚至是俱乐部的队友告诉过你，力量训练可以帮你克服骑行时遇到的一些问题。不幸的是，这些人提出这种建议之后，却没有告诉你如何正确安排训练。你也许能找到一个通用的训练流程，或者你需要自己去研究如何进行训练。按照本书的内容进行评估和训练，你将从一开始就知道，现在你正针对自己的具体需求进行完全正确的动作训练。

▼ 即使同样都是参加职业赛的车手，适用于一名车手的训练方案也可能完全不适合另一名车手。

自由度和关节活动度（ROM）

我们会在本书中大量使用"自由度"一词，但你可能并不熟悉它。我们用它代替"灵活性"（flexibility），因为"灵活性"这个词可能会令人困惑并产生误解。严格地说，"灵活性"这个词指的是屈曲能力，也就是一个关节可以弯曲的程度，而关节的活动能力并不限于弯曲这个动作。

我们会使用的另一个术语是"关节活动度"（ROM）。它是指关节，如膝关节可以活动的角度范围。物理治疗师会使用测角仪来测量ROM。活动性较差的关节的活动范围较小，因此其自由度也较低。

如果某个人想要正确地做出复杂的多关节动作，如下蹲，那么需要他的踝关节、膝关节和髋关节都有良好的ROM。如果他的踝关节的ROM略有不足，但是膝关节和髋关节有很好的ROM，我们也可以说，对于下蹲动作，他具有良好的自由度（范围），因为在某种程度上，他可以通过其他关节来弥补踝关节的不足。这是人体的一种令人难以置信的能力——弥补一个区域的活动范围受限的问题，并找到另一种方式让身体可以进行某些动作。

然而，这种代偿是有限的，如果某个人踝关节的活动范围很小，并且膝关节和髋关节的ROM也不大，那么想要正确地做出下蹲动作就变得比较困难，还会增

膝关节
ROM

髋关节
ROM

踝关节
ROM

▲ 对于像下蹲这样的复杂动作，需要多处关节的ROM良好。

加受伤的风险。因为此时，这个动作受到不止一个关节的ROM的限制，身体已经无法很好地完成动作。因此，我们说，这个人进行下蹲动作的自由度是受限的。

其实，身体每个关节的ROM都有助于提高整体的自由度。通过识别和矫正身体各个关节的ROM的受限问题，你可以提高各种动作的总体的自由度，从而提升整体的活动能力。

自行车骑行训练突破：力量与体能训练指南

如何进行评估？

我们几乎可以对身体的每一个关节进行各种各样的、令人眼花缭乱的测试，这些测试的信息量太大，很容易让人困惑，而且许多测试无法自己单独进行，所以本书精选的几个测试只针对车手经常出现的问题，以及日常活动中涉及的关键身体部位。

首先，我们需要检查髋关节的活动范围。之所以从髋关节开始，是因为它是身体的中间部位。该区域是否拥有必要的活动范围和控制能力，将决定身体其他部位是否能够完成相应的动作。接下来，沿着躯干向上来到胸椎，评估其旋转和伸展能力。继续向上，再评估肩部。还要评估踝关节。你可能会问，为什么不测试膝关节？这是因为通过测试髋关节和踝关节，即膝关节上方和下方的两个更复杂的关节，我们已经有效地完成了对膝关节的评估。相对简单的膝关节是一个"坏邻居"，因为它的许多问题实际上都会影响到它上方和下方的关节。我们一定要将身体作为一个整体来考虑，特别是在评估的初期阶段，尽管我们现在是分开评估的，不过你很快就会看到所有关节之间的相互联系。

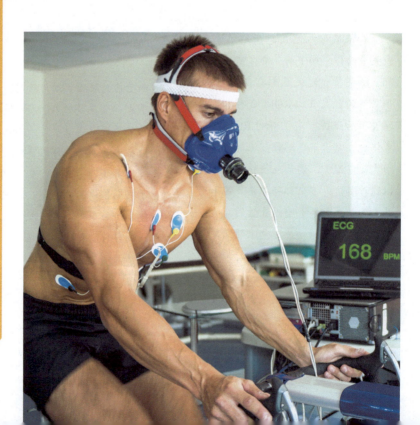

本书介绍的所有测试你都可以自己进行，如果有助手，会更容易完成。这个助手可以确保你没有作弊，甚至可以帮你拍摄影像以供之后参考。依次完成每个测试，如果未能达到其中任何一个测试的标准，则需要进行针对相应问题的训练，解决问题后进入下一个层级。你可以把它看作一个类似《大富翁》的游戏——没有通过考验，就不能继续前进，需要直接去"监狱"锻炼！

但这并不是说此时的骑行训练没有效果。其实，只是进行测试并找到自己的弱项，你的训练就已经取得了进展。持续测试并训练那些弱项后重新测试，你将建立坚实的体能基础。在进行任何车下体能训练课程之前，评估及相应的动作就构成了准备工作的基础。你会发现自己的水平可能每天都有很大的波动。如果你刚刚进行了一次艰苦的骑行或长途驾驶，或是在花园中做了一些繁重的工作，你就会发现之前可以通过的测试现在变得非常困难。你还会发现，有时候可能只需要几分钟就可以成功解决问题，而有时候必须修改训练计划和训练项目的优先级。例如，你本来计划骑计时车进行一次间歇训练，但是后来你发现，坐在一把不舒服的椅子上开了一天会之后，髋关节和腰部都感觉很紧张。你没有直接继续进行骑行训练，而是明智地先进行了评估，并发现与平时的评估结果相比，你今天的水平下降了。你花了一些时间来做可以解决问题的动作，然后重新进行评估，发现回到了可接受的水平。接

下来，你就可以按原计划进行间歇训练了，因为你确信自己的身体现在完全能够满足训练的要求。但是，如果你无法成功改善问题区域，最好将训练课程改为在滚筒上轻松踩踏，然后进行一些专门的活动性训练，并将计时车的间歇训练推迟至本周晚些时候。

一个很好的例子是英国自行车队的卡勒姆·斯金纳。卡勒姆在做主动直腿抬高（ASLR）测试时非常困难，而这是评估的基础动作之一，直接关系到他进行矢状面负重训练（如深蹲）的能力。如果他在没有解决主动直腿抬高问题的情况下做这类负重动作，腰部就会出现问题。出于这个原因，进行主动直腿抬高测试成为他进行负重训练之前的必要内容之一，如果他没有达到 75 度的标准，则要先通过一些动作来改善，然后才能继续进行负重训练。某些日子里，他能够通过测试，就可以直接进行负重训练；但在某些日子里，如果无法解决问题，则他必须重新测试并调整训练计划。

对于许多业余车手或以健身为目的的车手来说，只要他们完成了训练，并通过全面评估，而且能够进行一些简单的自重训练，就能对骑行和整体复原能力产生显著的、积极的影响。这些车手将建立起坚实的体能基础，除非他们有具体的骑行目标，如参加计时赛或场地赛，否则保持这种程度的体能将是一个非常有价值的、可实现和可保持的目标。

◀ 测试你的关节活动度（ROM）和力量与测试你的最大摄氧量和阈值一样重要。

该评估着眼于身体的关键部位。这些部位是基于我们与车手合作后所获得的丰富经验以及他们常出现的问题确定的。即使是在这项运动中取得过最高成就的车手，也会在评估过程中出现一些问题。这时，他们必须先进行大量的训练使问题得到改善后，才能去健身房进行负重训练。虽然这些车手骑行时的表现很好，但他们仍然需要巨大的投入和努力才能进行有效的车下体能训练。例如，对于女子耐力骑行队的个别运动员来说，进行 10 次合格的自重深蹲动作都是一项重大的挑战。通过检查身体的这些关键部位，我们可以指导车手进行更有效的训练，使他们能够进步；还可以确定车手容易受伤的部位，这些部位通常也是车手在强化训练中改善最明显的

▲ 即使是在这项运动中取得过最高成就的车手，也会在评估过程中出现一些问题。

区域。车手不用浪费时间去做大量且不必要的，或者可能不适合自己，甚至是危险的训练。当菲尔第一次与威金斯合作时，威金斯的专业团队给了他一份令人眼花缭乱的训练清单，一共包含了 27 个训练项目，他非常担心自己是否还有时间骑自行车。这种散弹枪式的通用方法是许多车下体能训练的通病。然而，通过评估，找到弱点，车手可以确定正在进行的训练对自己来说是最有益的。定期进行 3 次有效且有针对性的训练远远好于偶尔完成 10 次随意的训练。

对于身体的这些关键部位，我们会从 3 个级别对其进行评估，然后组织车手进行专门的力量训练。

ROM

许多因素都会影响 ROM，包括遗传基因、伤病史和日常生活。然而，大多数成人的 ROM 受限的问题，主要归结于正常的磨损和生活消耗。如果是婴幼儿，他们的大多数关节具有完整的 ROM——看看孩子们是如何轻松地完成深蹲坐下的，这一动作的完成反映出他们的髋关节、膝关节、踝关节，以及其他关键关节的 ROM 是完整的，然后对比一下有多少成年人能够做到这样。不幸的是，生活对我们的身体很苛刻。未能完美愈合的腘绳肌会导致疤痕组织的出现，这很容易限制髋关节和膝关节的 ROM；长时间坐在办公桌前、长时间开车甚至骑自行车，都会影响很多部位的 ROM。请记住，某一动作的自由度，是由各个相关关节的 ROM 综合得出的，哪怕只有一个关节受到损伤，整个动作都会受到影响。幸运的是，在大多数情况下，对于受限的 ROM，我们并非毫无办法，虽然不可能永远像婴幼儿时期一样好，但肯定可以比目前的状态好。

作为一名车手，你可能会质疑，我们为什么需要超出踩自行车踏板这一动作所需的 ROM。答案就在复原能力和体能金字塔中。无论骑车的能力有多强大，你的金字塔都是头重脚轻、非常不稳固的。如果每个关节的 ROM 都只满足在骑车的需求上，那么车上和车下的 ROM 都会非常差。在自行车上，轻微的姿势变化或逐渐疲劳的肌肉可能导致车手表现下降、身体不适，甚至受伤；并且不骑车的时候，他只能走路。

任何超出所需 ROM 范围的活动对他来说都是个挑战，许多运动，包括一些日常活动，都会让车手有极高的受伤风险。

有支撑的活动控制能力

一旦确定了自己是否有足够的 ROM，接下来你就需要通过一个相对简单的且有支撑的动作，检查自己在这个 ROM 范围内的活动控制能力。许多人，其中包括一些天生关节就可以过度活动的人，尽管他们表现出优异的 ROM，但他们在整个动作的活动范围内几乎没有任何控制能力。

有一种常见的误解是，举重的人都很魁梧、很健壮，"浑身肌肉"。其实，相对于其他项目的运动员，举重运动员不仅拥有很好的 ROM，而且他们能在极端负重下显示出最高水平的活动控制能力。相反，一个从未受过训练的个体，由于遗传原因，可能拥有与举重运动员相同的 ROM，并且他们可以做出与举重运动员相同的动作，但他们几乎无法对动作进行控制，自然也无法以安全的方式承受任何负重。

再次以主动直腿抬高为例，在这个动作中的控制是指，你能够让腿从与地面的夹角为 75 度的位置放下而不出现其他问题，如膝关节弯曲或腰部离开地板。谈到对活动的控制，就要涉及更多关节，已经超出了简单的 ROM 测试的范围。然而，由于做主动直腿抬高时是仰卧在地板上，你的身体受到了地面的支撑，这个动作实际上是在一个平面内进行的，因此它不像在三维空间内无支撑进行的活动那样难。

无支撑的活动控制能力

无支撑的活动是比有支撑的活动更为复杂的活动，前者需要更高水平的控制能力和多个关节的协调能力。无支撑的活动包括髋关节铰链、深蹲、分腿蹲、俯卧撑和划船等。深蹲是一个很好的例子，因为它需要一系列具备良好的活动范围和控制能力的关节协同工作才能保持完整性。如果能够利用自重顺利完成这些动作，你就可以继续进行负重训练、渐进式结构化训练和专门的力量训练。然而，对于许多车手来说，达到这个能力级别就已经是一个非常好的和有价值的目标。

力量训练

一旦你通过 3 个级别的评估，并且它符合你的骑行或其他健身和健康目标，你就可以继续进行结构化的负重训练了。那仍然是一套循序渐进的训练。例如，在进行更高级的负重训练动作之前，你需要熟练掌握高脚杯深蹲和其他深蹲动作。一旦进入该计划的这个阶段，你就需要仔细考虑如何以及何时将力量训练融入骑行训练计划之中。具体内容我们将在第 5 章详细介绍。但请记住，不要完全抛弃评估以及相关的动作练习——你需要不断地重新进行评估。无论骑行还是非骑行因素，如长途驾驶或繁重的工作，都可能导致你的活动能力退步，这时就需要你将评估和相应的动作练习安排到负重训练前的检查和准备流程中去。

▲ 只有成功完成所有级别的评估和训练动作后，才能开始负重训练。

评估器械

为了能够进行评估，你需要准备一些基本的器械。

■ 体态棍（或扫帚柄/PVC 管）。
■ 量角器或测角仪。
■ 用于在墙壁和地板上做标记的胶带。

对于更复杂的动作（髋关节铰链、深蹲、分腿蹲、俯卧撑和引体向上），最好有助手对运动过程进行拍摄——使用手机就可以了。这能让你客观地评估自己的表现。

评估动作

下面是评估测试的说明和图片。你可以参考动作流程图和颜色编码，根据自己的水平，找到需要的动作说明并确定优先级。要对自己诚实，在测试中不要作弊。即使你无法完成所有测试，哪怕只完成了其中一个测试，也不是一件坏事，因为测试结果并不直接反映你作为一名车手的骑行能力。正如我们已经说过的那样，有一些车手已经在这项运动上取得了最高水平的成功，但他们完成这些测试时仍感到困难，因而不得不付出巨大的努力才能通过这些测试。

评估流程图说明

下面这张评估流程图展示了如何完成本书中的训练动作，并设计了最适合你的、有效的车下体能训练。

强烈建议你仔细通读本书后，再回来看这张评估流程图。

评估流程图的最上面一排是 ROM 和相应的评估测试动作。如果你能够成功完成这些动作，那么继续到有支撑的活动控制能力一排，完成对应的动作。如果你未能完成任何一个 ROM 的评估测试动作，则参考第 2 章中的 ROM 矫正动作进行改善。你需要在此级别的训练动作上多下功夫，直至可以通过评估。

以这种方式继续沿着评估流程图进行评估，只有完成所有相关评估测试动作后才能进入下一级别，并进行下一级别的相应训练动作。

应该注意的是，不同的身体部位可能会处于不同的"级别"。例如，上肢可能正在进行无支撑的活动控制能力矫正动作，而下肢还在进行 ROM 矫正动作。对下肢而言，你也许能够完成主动直腿抬高和下降动作，但是，由于膝靠墙的评估测试表现不佳，完成深蹲和分腿蹲动作可能也有困难。

你应该认识到，评估流程图中的"旅程"可能不是线性的，而且由于训练和其他因素（如受伤）的影响，你的表现会在不同级别之间不断地上下波动。但是，你很快就会认识到自己的优势和劣势，以及哪些方面需要加强。

自行车骑行训练突破：力量与体能训练指南

评估流程图

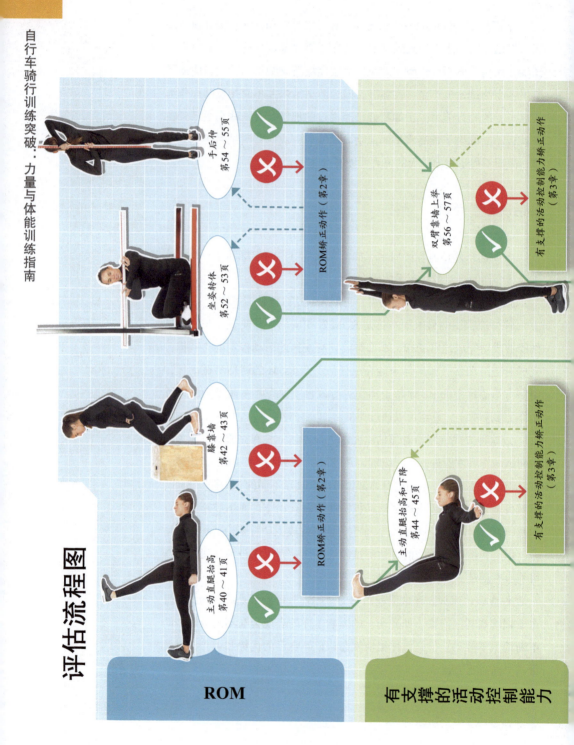

ROM

- 主动直腿抬高
  第 40 ～ 41 页
- 膝靠墙
  第 42 ～ 43 页
- 坐姿转体
  第 52 ～ 53 页
- 手后伸
  第 54 ～ 55 页

ROM 矫正动作（第 2 章）

有支撑的活动控制能力

- 主动直腿抬高和下降
  第 44 ～ 45 页
- 双臂靠墙上举
  第 56 ～ 57 页

有支撑的活动控制能力矫正动作（第 3 章）

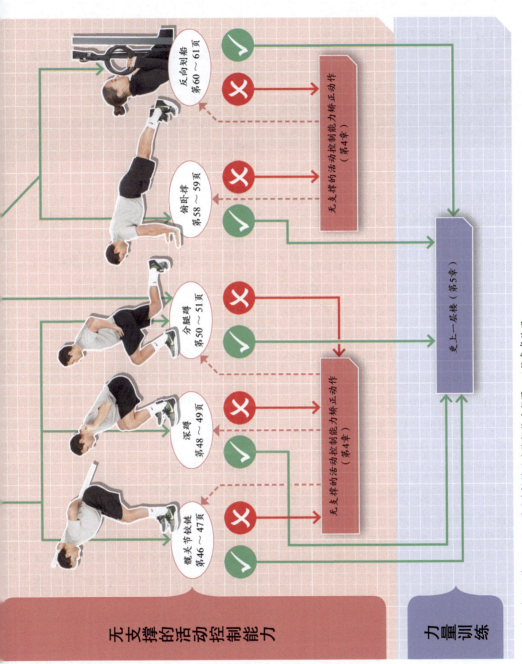

力量训练

无支撑的活动控制能力

髋关节铰链
第 46～47 页 ✔ ✘

深蹲
第 48～49 页 ✔ ✘

分腿蹲
第 50～51 页 ✔ ✘

俯卧撑
第 58～59 页 ✔ ✘

反向划船
第 60～61 页 ✔ ✘

无支撑的活动控制能力矫正动作
（第 4 章）

无支撑的活动控制能力矫正动作
（第 4 章）

更上一层楼（第 5 章）

提示：我们在本书后第 170～171 页再次提供了这份评估流程图，以便参考使用。

髋、腰椎、骨盆和腿

ROM：主动直腿抬高

进阶：腿与墙面形成的角度大于 75 度。
不进阶：腿与墙面形成的角度小于 75 度或存在任何其他不进阶的原因。

从表面上看，主动直腿抬高是一个非常简单的测试。但是，不要被它的简单所迷惑，因为它能揭示很多问题。乍一看，它可能是对腘绳肌灵活性的测试，这当然没错，但它也反映出了身体许多其他部位的情况。这个测试要求能够在一条腿保持伸直的同时下肢另一侧屈髋。除了与骑行的动作相关外，这个动作也是所有迈步类动作的基础，如走路、跑步和弓步。这个测试可以显示出两腿之间的差异，即下肢左右两侧的不对称，并评估你控制骨盆的能力。在这个测试中，你甚至可能会注意到小腿出现了拉伸感，这就表明它绝对不仅仅是针对腘绳肌的测试。躺在地板上，让身体得到支撑，这降低了做这个动作时所需的控制能力，从而降低了评估 ROM 以及执行动作时保持姿势的难度。

- 使用量角器和米尺，在墙上标记出 75 度的位置。
- 仰卧在地板上，将腿伸直并拢。
- 整个测试过程中主动让腰与地板保持接触。
- 手臂在体侧呈 45 度展开。
- 脚尖向上。
- 慢慢抬起一条腿，同时保持另一条腿与地板接触。
- 抬起的腿成功到达 75 度位置且没有出现任何不进阶的原因则视为通过测试。
- 用另一条腿重复动作。

⚠ 不进阶的原因

- 测试过程中出现疼痛或痉挛。
- 腰部无法与地板保持接触。
- 无法保持非抬起腿与地板接触。
- 未能保持脚尖向上。
- 两腿之间存在差异。
- 抬起的腿未到达 75 度位置。

*两腿之间任何明显的能力差异都可能表明两腿能力的不平衡，特别是如果其中一条腿未能达到 75 度的目标时，应该按"不进阶"处理。

75度

▶ 即使可以达到75度，
拱背也算一个不进阶的
原因。

ROM：膝靠墙

进阶：与墙的距离大于 11 厘米。

不进阶：与墙的距离小于 11 厘米或出现任何其他不进阶的原因。

完整的踝关节 ROM 非常重要，因为它是执行更复杂动作（如深蹲）的一个关键点。如果你的脚踝不能充分背屈（脚向胫骨方向屈曲），那么即使其他关节都有完整的 ROM，涉及其上方关节的动作也会受到影响。所有关节的一个共性就是，"要么使用它要么失去它"。如果你没有定期让关节进行涉及整个活动范围的动作，其活动范围就会缩小。虽然踩踏动作中存在一定的"脚踝动作"，但与踝关节应有的活动范围相比，这个动作幅度非常小。顺便提一下，如果你是铁人三项运动员，踝关节 ROM 不佳，特别是伸展（指向脚趾方向）能力受限，将是限制自由泳打腿动作的主要因素。

- 在距离墙壁 11 厘米的地板上做一个标记。
- 脱掉鞋子，面向墙壁站立。
- 将一只脚的大脚趾放到标记处，然后弯曲膝关节，尝试使膝关节接触墙壁。
- 髋关节保持水平，但你可以弯腰并调整另一条腿的位置以方便做动作。
- 用另一条腿重复动作。

⚠ **不进阶的原因**
- 测试过程中出现疼痛或痉挛。
- 膝关节未能触碰墙壁。
- 两腿之间存在差异。

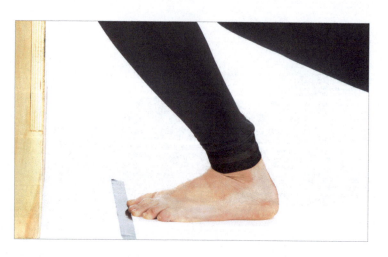

◀ 在距离墙壁 11 厘米处设置脚趾位置标记。

有支撑的活动控制能力：主动直腿抬高和下降

进阶：整个活动范围内可以完全控制，未出现作弊动作。

不进阶：控制不当或有作弊行为或存在任何其他不进阶的原因。

　　一旦你在主动直腿抬高测试中发现自己的关节有足够的活动范围，接下来就需要看看你在这个范围内的控制能力如何，当然，双腿要对称。随着你进行更复杂的多关节动作和负重训练，这种控制能力变得越来越重要。例如，你的髋关节可能有足够的活动范围来完成深蹲动作，但由于你缺乏对腰部和骨盆的控制能力，因此无法安全地负重，控制能力非常重要。

- 成功完成主动直腿抬高动作。
- 在腿抬至最高点时吸气，呼气的同时控制腿的下降。
- 用另一条腿重复动作。

⚠ 不进阶的原因

- 测试过程中某些部位，尤其是腘绳肌出现疼痛或痉挛。
- 无法保持腰部与地板接触。
- 无法保持非抬起腿与地板接触。
- 腿下降时膝关节弯曲。
- 未能保持脚尖向上。
- 屏住呼吸。
- 两腿之间存在差异。

▶ 特别注意，在腿下降阶段腰部与地板应保持接触。

无支撑的活动控制能力：髋关节铰链

进阶： 整个动作过程中所有接触点都保持接触。

不进阶： 任意接触点未接触或存在任何其他不进阶的原因。

髋关节铰链测试与主动直腿抬高和下降的动作基本相同，但是，在完成它时没有支撑，因为你不再躺在地板上，所以这一测试增加了对身体控制能力的要求。髋关节铰链动作是人体活动的基础，因为它反映出你在控制脊柱和骨盆姿态的同时向后移动身体重心的能力。每当髋关节向前弯曲，特别是在你捡起物品时，用正确的髋关节铰链动作取代弯腰姿势才是更好的选择。这样做对于保护脊柱至关重要，也可以避免背部疼痛。在健身房，这种动作对于正确完成硬拉之类的动作以及一些下蹲动作都是不可或缺的。如果你不能正确做出这个动作，还增加了负重，那么身体就会遭受本不应有的压力。一个典型的例子就是，很多运动员称自己在做完硬拉之后腰部出现不适。这导致了一种普遍存在的误解，人们认为硬拉对背部有害。然而，问题是，是这个动作本身还是做动作的方式不对导致了你的背部疼痛呢？

▼ 如果你在保持计时赛的骑行姿势方面有困难，那么车下体能训练肯定会对你有帮助。

■ 使用量角器和米尺，在墙上标记出与水平面呈 50 度角的位置。

■ 站立，双脚分开大约与肩同宽，膝关节伸直但不要锁死。

■ 如左图所示，握住体态棍。在整个测试过程中，必须保持的体态棍与身体的关键接触点是，后脑勺、背部、尾骨。此外，上面的手应接触后颈部，下面的手应接触腰部。

■ 向后推髋，你可以稍微弯曲膝关节。

■ 当躯干与水平地面的夹角小于 50 度时，停止并返回起始姿势。

■ 由于此动作较为复杂，最好让助手从侧面录制动作过程的视频，方便后续进行评估。

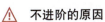

<50度

⚠ **不进阶的原因**

■ 测试过程中出现疼痛或痉挛。

■ 未达到 50 度的标准。

■ 膝关节过度弯曲。需注意，我们的目标是伸直但不锁死。

■ 在做动作的过程中任一接触点分离。

自行车骑行训练突破：力量与体能训练指南

无支撑的活动控制能力：深蹲

进阶： 能够进行深蹲。

不进阶： 存在任何不进阶的原因。

深蹲和髋关节铰链一样，是一种基本的动作模式。你只需要观察婴幼儿就可以发现，对于他们来说，下蹲是一个舒适且可持续的姿势。下蹲是日常生活的一部分，尤其是上厕所时，但久坐不动的生活方式，包括长时间坐在办公桌前、驾驶汽车或坐在沙发上，会让人们失去这种能力并引发相关的问题。深蹲与负重深蹲在改善运动表现方面的作用有所不同。评估的目的是关注你进行深蹲的能力，因为这是反映你整体活动能力的一个相当好的指标。在深蹲的过程中，一定程度的圆背是可以接受的，但如果进行负重深蹲，则必须改掉这个毛病。后面讲解力量训练的章节将更详细地讨论如何通过深蹲动作来提升你的运动表现。

完成深蹲动作的能力，在很大程度上取决于下肢的自由度，但它显然也与上半身有关。没有良好的胸椎伸展能力，就无法让躯干与小腿保持平行，而这对正确完成深蹲动作来说至关重要。深蹲动作是一个涉及多个关节的复杂动作，完成深蹲动作的能力还取决于你是否能感知身体在空间内的状态，以及你的身体协调能力。完成深蹲动作的能力对于判断车手能否在力量训练期间进行负重深蹲动作至关重要。如果你无法正确地完成无负重深蹲动作就添加负重，那就是自找麻烦——由于你将在身体活动范围的极限附近增加负重进行训练，这样很可能导致训练效果不佳，还可能对你的身体造成伤害。令人吃惊的是，那么多关于自行车训练的书中都安排了杠铃深蹲动作，而这是一个高度复杂且要求严格的动作，是深蹲动作的最高级别，而这些书完全没有考虑车手是否能够有效、安全地进行这项训练。从经验来看，即使是精英车手，他们中的大多数也做不好杠铃深蹲动作！

躯干没有与小腿保持平行

膝关节超出脚趾

膝关节塌陷（内翻）　　　　脚过度外旋　　　　骨盆后旋或腰部屈曲　　　体态棍未在脚的正上方

■ 将体态棍放在肩上，不要放在颈部，略低一点。双手抓住体态棍，双手间的距离比肩略宽。如果你发现这个姿势做起来不舒服或难以实现，那你在完成手后伸和双臂靠墙上举测试时也可能会有问题，需要改善涉及的身体部位。如果出现这种情况，可以不使用体态棍下蹲。

■ 站立，双脚分开与肩同宽，脚趾朝前或略向外。

■ 收紧臀部，向下拉胸腔，收紧躯干肌肉。

■ 躯干挺身，肩部向后拉。

■ 同时弯曲髋关节和膝关节，开始降低身体。

■ 尽可能保持胫骨与地面垂直，头部中立，膝关节不要内扣。

■ 下蹲时身体会前倾，脊柱应该保持中立，尽量不出现圆背；保持躯干与小腿平行，体态棍与脚对齐。

■ 下蹲的目标深度是髋关节低于膝关节，大腿低于水平线。

■ 按上面的要求完成动作，然后返回起始姿势。

■ 由于此动作较为复杂，最好请助手从侧面录制动作过程的视频，方便后续进行评估。

⚠ **不进阶的原因**

■ 测试过程中出现疼痛或痉挛。

■ 无法达到大腿低于水平线的深度。

■ 躯干无法与胫骨保持平行。

■ 膝关节超过脚趾。

■ 膝关节塌陷（内翻）。

■ 双脚向外过度旋转成八字脚。

■ 骨盆后旋。

■ 体态棍没有与脚对齐。

无支撑的活动控制能力：分腿蹲

进阶：两条腿都能够完成分腿蹲动作。
不进阶：存在任何不进阶的原因。

　　评估无支撑的活动控制能力的第三个基本动作是分腿蹲。很明显，无论是走路、跑步还是踩踏，这些都是不对称的分腿蹲姿势。为了成功地完成这个动作，在髋关节屈曲和伸展时，两条腿都应该具备最佳的自由度和控制能力。完成分腿蹲或弓步动作时，前侧腿的髋关节屈曲，后侧腿的髋关节伸展。下蹲时，需要控制住脊柱，并且分腿蹲动作对测试者的平衡感和空间意识的要求更高。同样，如果某人在能够正确完成这个动作之前就增加负重——即使只使用哑铃或壶铃，也会让一个有缺陷的身体系统变得更糟。不过，这是一个值得坚持不懈去练习的动作，当然一定要正确完成。它的变体动作是骑行力量训练的一个重要项目，例如，后脚抬高的下蹲动作（也称为保加利亚深蹲）可能是车手可以做的最好的训练项目之一。

- 从站立姿势开始，向前迈出一大步，保持双脚齐平或略微偏移。
- 同时，抬起后脚的脚后跟，做出一个正确的髋关节铰链动作。这会使身体向前倾斜。完成分腿蹲和弓步动作时的一个常见错误是试图保持躯干直立。
- 利用躯干肌肉支撑并保持脊柱中立。
- 双膝弯曲，向地面下降，类似于垂直下降的动作。
- 保持前腿的胫骨与地面垂直，膝关节位于脚中点的上方。
- 目标是前后膝关节弯曲至90度角。
- 按上面的要求完成动作后，返回起始姿势。

- 切换双腿并重复动作。
- 由于此动作较为复杂，最好请助手从侧面录制动作过程的视频，方便后续进行评估。

⚠️ **不进阶的原因**
- 测试过程中出现疼痛或痉挛。
- 无法达到前后膝关节90度的弯曲程度。
- 前腿膝关节的位置超出了脚的中点。
- 前腿膝关节向内塌陷或向外倾斜。
- 在测试过程中的某一阶段身体失去平衡。
- 双腿之间存在差异。

胸椎

自行车骑行训练突破：力量与体能训练指南

ROM：坐姿转体

进阶：在保持姿态的同时，体态棍的两侧都能触碰门框。

不进阶：任何一侧无法触碰门框或存在任何不进阶的原因。

虽然在骑行过程中躯干的旋转角度相当小（站立爬坡或回头查看时角度比较大），但在日常生活中，这种活动的局限性会导致很多问题。想想当你把采购的物品或孩子从汽车里抱出来时，你弯着腰，然后负重转体。除非你做这个动作时活动范围良好，否则在这种不受控制的情况下做这个动作存在受伤的风险。此外，如果活动范围不足，你将无法完成很多关键的力量训练，因为这一活动范围也是反映胸椎伸展能力的指标之一。胸椎伸展是许多下蹲动作和过顶动作的基础，它也是实现最满足空气动力学的骑行姿势的关键因素之一。

- 盘腿坐在地板上，将体态棍置于胸前。膝关节在门框的两侧。
- 坐直，眼睛向前看。
- 保持手臂和头部的姿势不动，旋转躯干。
- 目标是让体态棍触碰门框。
- 向另一侧转体。

⚠ **不进阶的原因**

- 体态棍无法触碰门框。
- 测试过程中出现疼痛或痉挛。
- 两侧转体存在差异（一侧比另一侧更容易旋转）。
- 体态棍无法保持水平并与胸部接触。
- 臀部无法保持与地板接触。

体态棍没有保持水平

臀部无法保持与地板接触

ROM：手后伸

进阶： 双手间距在 3/2 个拳头的长度以内。

不进阶： 双手间距超过 3/2 个拳头的长度或存在任何不进阶的原因。

　　肩部活动范围受限会对骑行表现产生负面影响。肩部活动范围较小，可能表现为在骑行后肩部和颈部出现僵硬或疼痛，或者车手无法握在下把位上保持更符合空气动力学的骑行姿势。对于计时车手或场地车手来说，肩部活动范围较小会严重影响其维持符合空气动力学的姿势的能力。即使对于许多公路车手来说，两侧的肘部靠得更近也是减小前部迎风面积，从而降低风阻的最有效方法之一。但如果肩部僵硬，将很难维持良好的符合空气动力学的姿势。肩部活动范围受限最终将导致更大的负重和压力的产生，而这些额外产生的负重和压力将由躯干的其他部位，尤其是颈椎和胸椎承担。它也会影响在健身房中的训练，因为肩部活动范围受限会导致在下蹲时很难让杠铃杆压在背上，而且也会让一些下压和上拉的动作出现问题。

- 从上面握住体态棍，在从手底部起向下大约 3/2 个拳头的位置做一个标记。
- 站立，背部挺直，用一只手在头部后侧握住体态棍，拇指向下。
- 上面这只手向下压，同时另一只手从背后握住体态棍，拇指向上，双手尽量靠近。注意，避免借助体态棍让双手靠近。
- 当双手无法再靠近时，松开上面的手，看下面的手是否已到达标记处。

⚠ **不进阶的原因**

- 双手之间的距离超过 3/2 个拳头的长度。
- 借助体态棍让双手靠近。
- 测试过程中出现疼痛或痉挛。
- 胸椎过度拱起。
- 两臂存在差异。

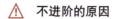
◀ 让两侧肘部靠近是减小迎风面积的最有效的方法之一。

胸椎过度拱起

有支撑的活动控制能力：双臂靠墙上举

进阶： 拇指触碰墙壁。

不进阶： 无法用拇指触碰墙壁或存在任何不进阶的原因。

该测试着眼于多个关键部位。这是对肩部活动范围的另一个测试，它不仅能评估测试者控制骨盆的能力，还能评估其伸展胸椎的能力。这些能力对于在自行车上保持强大且可持续的姿势都至关重要，而且良好的胸椎伸展能力还是有效地做出髋关节铰链和深蹲等动作的关键。双臂靠墙上举是身体在进行复杂动作时，多个部位相互作用又彼此依赖的一个很好的例子。因为如果其中任何一个部位的活动受限，整个动作就无法做到完美。最后，任何过顶举，无论是简单的肩上推举还是高级别的动作，如抓举，都需要完整的过顶活动范围。

不要让任何接触点（特别是腰部）分离

先天与后天

与运动表现的许多方面一样，你的活动方式由遗传因素和生活方式因素决定。有个说法非常有道理，你天生是个奥运冠军，但在出生和登上领奖台之间，还有许多其他因素必须适时地出现，而且你必须付出很多努力才能登上领奖台。你无法改变遗传因素，但可以做很多事情来改善你的生活方式因素。我们已经提到本·斯威夫特通过车下体能训练来提高他的复原能力、稳健性，以提高他的运动表现。本书的合著者马丁·埃文斯患有一种被称为髋关节撞击综合征的疾病，即他的股骨的球形末端不是完美的圆形。这会影响股骨头在髋臼里平滑活动的能力。然而，通过进行很多髋关节周围的力量和活动性训练，马丁能够安全地做出大多数动作并进行大部分运动。另一个极端是那些幸运的人。在英国自行车队中，贾森·肯尼就是这样一位幸运的运动员，他的动作模式天生就异常优秀。然而，破坏优质的基因也很容易。现代生活，特别是我们弯腰坐着（包括骑自行车）所度过的时间太长，极有可能毁掉天赋异禀的个体。大自然也倾向于以公平的方法给予和索取。例如，你的躯干很长而腿短，那么你应该能够做出一个非常符合空气动力学的计时赛骑行姿势。然而，这种体形的缺点是，由于脊柱较长，你将更容易出现腰部问题，你可能必须努力加强控制如深蹲等动作模式的能力。

- 背对墙站立，双脚与肩同宽，脚后跟靠墙。
- 身体向后靠在墙上，臀部、腰部、肩胛骨和头后部与墙面接触。
- 转动手臂，使拇指朝前。
- 保持手臂伸直，竖起大拇指。保持所有接触点的接触状态，慢慢将手臂高举过头顶。
- 目标是用拇指触碰头顶上方的墙壁，然后放下。

⚠ **不进阶的原因**

- 拇指未能触碰墙壁。
- 手臂弯曲。
- 手的姿势改变。
- 任一接触点（尤其是腰部）分离。
- 测试过程中出现疼痛或痉挛。
- 两臂存在差异。

无支撑的活动控制能力：俯卧撑

进阶：完成一个俯卧撑。

不进阶：未完成俯卧撑或存在任何不进阶的原因。

　　无论你参加什么体能训练课，在某些时候，都会被要求做俯卧撑。不幸的是，几乎可以确定，当参与者被教练命令或他们自己鼓励自己 "再多做一个"时，动作都非常糟糕。正确的俯卧撑动作是一项非常棒的训练，也是上身活动范围和稳定性良好的反映。它是所有更高级别的推举动作的基础，如仰卧推举和臂屈伸。虽然车手不需要很强的上半身力量，但是适当增强上半身力量有助于长时间站立爬坡及冲刺，并能使你在日常生活中的身体复原能力更强。

肘部无法与手对齐

手向外旋转（手指不能直指前方）

改良版的俯卧撑

有些车手，他们只能够做出俯卧撑的准备动作，由于缺乏上身力量而无法完成整个动作。这个测试并不是要评估力量，因此使用改良版的俯卧撑可能更合适。经常使用的一种方案是让膝关节触地，但由于多种原因使用这种方式得到的效果并不理想。首先，它可能会导致整个身体向后移动，肩部移到手的后方，给手臂施加不必要的压力。其次，这样做阻碍了全身稳定模式的培养。最后，这不是一个渐进的改良动作，而是一个短期的欺骗性方案。我们提供的解决方案是，在长凳或台阶上完成俯卧撑，提升手部高度，这样就有效地减轻了需要推起的负重，从而可以完成整个动作。

■ 跪下，双手分开，与肩同宽，手指指向前方。

■ 将膝关节抬离地面，双脚和膝关节并拢，主动收紧臀部肌肉。确保肩部位于手的正上方。

■ 弯曲肘部，降低身体。使前臂与地面垂直，肘部与手腕对齐。不要让肘部张开或使肩胛骨向内靠近。

■ 收紧臀部和腹部肌肉，保持身体笔直。从肩背到脚跟应该呈一条直线，背部不能拱起或下垂。

■ 全深度是指胸部距离地面一拳的高度。

■ 推起身体返回起始姿势，保持身体姿态。

⚠ **不进阶的原因**

■ 未能完成俯卧撑。

■ 无法达到全深度。

■ 肘部无法与手腕对齐。

■ 手向外旋转（手指没有指向正前方）。

■ 背部拱起或下垂。

背部拱起或下垂

改良版的俯卧撑

无支撑的活动控制能力（可选）：反向划船

进阶：完成反向划船。

不进阶：无法完成反向划船或存在任何不进阶的原因。

　　该测试不是必须进行的，因为你可能没有吊环或悬挂训练设备来进行测试。它实际上是一个倒置的俯卧撑动作，测试的是与俯卧撑非常相似的动作模式，只是这一测试中要通过拉动而不是推动来完成动作。如果你要站立爬坡或冲刺，上肢就需要有效地进行交替推拉动作。由于我们骑车和坐着时都长时间保持弯腰的姿势，进行拉动类的动作可以加强上背部肌肉力量，这对于保持良好的体态至关重要。

- 根据你的力量／能力来设置吊环的高度。身体与地面之间越接近平行，动作就越难做。

- 两个吊环之间的距离应该与肩同宽，握环时掌心相向。

- 脚后跟着地，采用倒置的俯卧撑姿势。所有要求与完成俯卧撑时的要求相同。做动作时，肩部、肘部和手腕保持对齐，臀部肌肉收紧，支撑身体，保持从肩部到脚后跟呈一条直线。

- 保持肘部和手腕对齐，躯干不要拱起或下垂。将胸部拉向双手，避免耸肩。

- 全范围是指手腕与胸部的最高点齐平。

- 返回起始姿势，注意控制下降动作，保持姿态。

⚠️ **不进阶的原因**

- 无法完成反向划船。
- 无法达到全范围。
- 无法使肘部与手腕对齐。
- 背部拱起或下垂。

背部拱起

本章总结

评估以前，你绝对不知道自己有什么问题

大多数自行车训练手册给出的通用力量和车下体能训练计划都没有考虑车手的个体需求，这可能导致不必要的时间浪费。而且，如果训练内容与车手当前的身体素质和运动能力不匹配，还可能对车手造成伤害。

将评估视为训练的一部分

许多车手，特别是以前有过力量训练经验的人，喜欢直接去健身房，给器械加上配重，然后开始进行他们以前一直做的3组、每组10个的训练。他们可能会视评估及其可能对训练造成的限制为对训练进度的不必要阻碍。这种想法其实大错特错，这种车手通过评估和后续训练恰恰可以获得大量收益。从第一次尝试主动直腿抬高动作并做出评估开始，你将进行一场提升自身的复原能力和骑行表现的定制旅程。

不要把未通过评估视为失败

我们对于在评估中如何措辞，例如如何描述不进阶的原

因，是非常谨慎的。我们认为"失败"一词过于消极。车手们，即使是那些处在最高水平的车手，能够一直通过所有测试的比例也是很低的。正如我们之前描述的那样，有些奥运冠军也必须每天进行特定的动作训练，然后才能继续进行专项训练。未通过评估只是说明某一身体区域需要改善，而一旦解决问题，则可以获得显著的提高。

找个朋友

尽管评估中的大多数测试都可以独自进行，但如果能够找个朋友来帮忙，特别是录制视频，则可以更方便、更客观地进行评估，而且这样你不太可能作弊，无论你是否有意为之。身边有人帮助，你进行评估和改善的动力也更强。

反复评估

评估工作不是一次性的；随着你的不断进步和骑行时间的增加，你需要不断地重新进行评估。你可能会发现，在赛季结束时，由于一段时间没有特别进行车下训练，你已经有点退步。一次特别艰苦的骑行或一天的繁重园艺工作很容易影响你的表现，通过评估，你可以发现适合你目前水平的训练内容。

评估是你可以使用的最强大和最有效的训练工具之一。它可以让你快速了解自己的身体——当前状态和应该（更重要的是，不应该）进行哪些训练。

◀ 评估是车下体能训练的核心内容，需要反复进行。

第 2 章

ROM 矫正动作

完成评估后，你会知道身体的哪个区域需要改善。如果未通过任何一个测试，你可以利用多种训练动作来解决所有存在的问题。

下面这些动作是按级别顺序排列的，但由于每个车手的问题起因可能各不相同，因此必须先进行一些尝试，才能找到最适合自己的训练动作和进行动作的顺序。这些动作及其呈现顺序是我们根据自己与精英车手合作的经验编排的。

我们正在改善的各个身体部位都非常复杂，许多肌肉和组织附着在一起。它们互相作用、相互影响，因此没有适用于所有车手的快速修复方法或保证有效的"魔法动作"。你应该先按照顺序完成建议的动作，然后重新进行评估，判断哪一个动作对你最有效。一旦通过评估，你就可以进入下一个级别的训练动作。有时，你可能只需要一个重点动作就可以解决问题；但对于某些问题或某些车手来说，可能需要坚持进行多个动作。

通过有条不紊地进行评估和矫正动作，你很快就会了解自己有哪些问题，以及如何最有效地解决它们。如何确定你要具体进行哪些动作呢？可能是你通过评估看到了实际的改进效果，也可能只是找到了一个感觉良好的动作。一旦你找到了适合自己的动作，就可以根据实际需求和可用时间来定制个性化训练流程。如果时间有限或时间零碎，可以每天进行多次短时间的训练，例如在骑行前后专注进行几个关键动作就可以。如果你正准备专门进行车下体能训练，而且有比较充足的时间，只需要增加每次训练的动作数量即可。

矫正动作包括两部分：工具辅助自我手法治疗（Tool-Assisted Self Manual Therapy, TASMT）和拉伸。

▶ 泡沫轴是车下体能训练器械库中的必备工具。

1. 工具辅助自我手法治疗（TASMT）

TASMT 使用泡沫轴、筋膜球或花生球（两个筋膜球连接在一起）等工具对身体施加压力，改善紧张或受限的身体部位。

TASMT 的一般指导原则

1. 找到紧张或受限部位的肌肉，花时间专门放松它。不要盲目地来回滚动。

2. 花一些时间放松受限部位并进行深呼吸。

3. 每个目标肌群至少放松 2 分钟。

4. 每天进行，理想情况是每天多次。坚持、少而勤，是最好的方法。

5. 可以在任何时间进行。

（1）训练前进行。如果感到某个部位受限或紧张，例如长时间驾车之后腘绳肌紧张，则在训练前进行 TASMT 特别有用，可以有效提高身体的灵活性。但要注意，在训练或比赛之前应避免过重或长时间的滚压。

（2）训练后进行。有证据表明 TASMT 可以减轻延迟性肌肉酸痛。

首先，建议按照本书给出的顺序进行 TASMT 动作。完成动作后，重新进行测试，评估动作是否有效。在试验了阶段 1 中的动作之后，继续进行阶段 2 的拉伸并重复相同的过程。

◀ 泡沫轴、筋膜球和花生球。

关于筋膜释放的争论

尽管泡沫轴是大多数运动员的必备工具，但它们的使用方法和效果仍然是一个存在巨大争议的话题。筋膜是由蜘蛛网状的白色结缔组织组成的，包裹着肌肉，几乎可以看作是肌肉的外套。在健康的状态下，筋膜柔软、有弹性且能够自由活动，但重复的动作、负重和创伤会使其变得紧绷和僵硬。顾名思义，筋膜释放技术是指使用泡沫轴或筋膜球等缓解该组织的紧张或紧绷状态，并使其保持健康、柔韧。一个经典的，也是最常被滚压的身体部位就是髂胫束（ITB）。它沿着大腿外侧从臀部一直延伸到膝关节，我们可以通过各种"滚压"动作，释放与之相连或交织的肌肉。

一些"筋膜释放怀疑者"认为，由于ITB是一种惰性肌腱（筋膜）结构，在其上使用泡沫轴根本没有任何物理效用或治疗效果；而另一种声音则是，"筋膜释放支持者"过于夸张地描述了筋膜的多层次性——它是如何遍布我们全身的，它是解决所有问题的关键。就像生活中的许多事情一样，事实往往存在于这两种极端观点的中间地带。筋膜确实遍布全身同时也非常重要，但为了证实我们的观点，我们可能不得不将本书的字数增加一倍，查阅引证相关文献来进行论证，而这对你更快地骑行毫无帮助。有很多研究和文章都探讨了筋膜释放技术是否重要，但是，请注意，这是一个不断发展变化的领域，两个阵营里都有非常专业的专家。

根据超过20年的运动医学和训练经验，我们可以说，滚动泡沫轴和其他筋膜释放技术的使用频率非常高。与医疗干预、训练和营养等许多领域一样，使用过该技术的人的反馈不尽相同，但我们的经验是，运动员对筋膜释放技术的反馈总体来说是积极的。

我们无法给出确凿和无可争辩的理由来说明它为什么有效，但这也许可以归结为各种因素的组合，包括筋膜、疼痛改善和肌肉放松。回到用泡沫轴滚ITB的例子，从筋膜的角度来看，滚动泡沫轴可能会改变组织的含水量，我们知道组织的含水量是决定其能否以最佳状态工作的关键。自己放松往往是一种痛苦的经历，因此可以改变放松者对疼痛的感知度。关于ITB是否具有收缩性元素，以及肌肉放松的效果如何，目前我们尚不太清楚。但是，ITB整合并连接了大量的肌肉，其中一些肌肉会受到滚动泡沫轴滚动的间接作用。

总之，根据我们与运动员合作的经验，滚动泡沫轴和其他筋膜释放技术是有益的。虽然目前还不是100%明确，但我们也不知道其他可以用于放松和释放软组织的更有效的自我按摩和治疗技术了，而且它们对人体肯定没有任何伤害。围绕这一主题的激烈讨论无疑将持续下去，但我们对这些技术的效果及其在车下体能训练中的地位充满信心。

2. 拉伸

拉伸是为了扩大肌肉舒适活动的范围而进行的运动，其配合TASMT，形成了本书所有矫正动作的基石。许多车手对拉伸的概念很模糊，他们可能只是偶尔做做样子，但如果希望拉伸有效，必须集中精神、正确完成。

拉伸的一般指导原则

1. 寻找肌肉中的紧张或受限部位，不要只是进行被动拉伸（参见第 70 ～ 71 页的"拉伸不伸展"板块）。

2. 找到后，通过增加和降低强度来进行拉伸。同时做深呼吸。

3. 如果很难保持一致的深呼吸模式，说明已经拉伸过度了。稍微放松一点，重新调整呼吸模式并继续拉伸。

4. 一个拉伸动作或放松一组肌群应至少维持 2 分钟。

5. 拉伸需要每天进行，理想情况下应一天多次。抛弃只能在运动后肌肉紧张时才能拉伸的观念——随时拉伸都有效。例如坐着看电视的时候，就可以做一些拉伸运动。

6. 有些拉伸动作标明可选"阻力带"。使用弹性阻力带可以让关节处于最佳位置，从而增强拉伸效果。

7. 训练或比赛前缩短拉伸时间，不超过 45 秒，因为人们已经证明较长时间的拉伸会急剧降低肌肉的力量和输出功率。

▶ 骑行后注意补水和恢复，在可以保持专注的时候再做拉伸。

拉伸不伸展

如果你搜索拉伸的定义，会发现它的一个意思是对对象施加力，以使其变得更长。然而，当将"拉伸"应用于肌肉时，实际情况并非如此。肌肉由于其物理结构，具有固定的起止点，因此肌肉本身不会出现肉眼可见的长度变化，也不能用肌肉变长来解释拉伸的好处。当我们说一块肌肉"紧张"时，是由于多种原因造成肌肉受到了限制，其活动范围变得有限，但实际上肌肉并没有变短。如果你让一个腘绳肌紧张的运动员进行主动直腿抬高测试，疼

痛会阻止他的腿达到完整的活动范围。但是，如果你让一个运动员在麻醉状态下进行同样的测试，他的腿就可以强行抬到全范围。如果你摔断了手臂，然后弯曲固定一个月，当取下石膏时，你会很难伸直手臂。这是因为你伸直手臂时，肱二头肌是处于"拉伸"状态的，而在打石膏的这段时间里，手臂从未达到全范围，但是肌肉并没有缩短，它们只需要进行练习，就可以进行全范围的活动。肌肉能够"记住"它最近所做的事情，如果超出记忆的范围，它会抵抗并发出警告，让你感到不适或疼痛。

如果你专门进行了拉伸训练，而肌肉

◀ 骑行前后的非结构化拉伸不太可能产生有益的效果，甚至可能对运动表现产生负面影响。

并没有变长，那么应该如何解释活动范围的改善呢？目前的共识是，这主要取决于你如何感知拉伸，以及如何改变这种感知。通过不断地将肌肉推到略微超出它们"告诉"你应该停止的点，肌肉的感知终点会变远，这样就能逐渐扩大活动范围。

鉴于上述情况，虽然我们将一些训练项目归为拉伸动作，但这实际上是一个粗略的简化过程，并且可以说是不准确的。这里建议将拉伸分成以下 3 种主要类型。

首先是"弹振"拉伸。弹振拉伸是在日常活动和运动之前经常进行的快速拉伸，它能让运动员动态地做拉伸。例如，橄榄球运动中需要做一系列的弓步动作。

然而，这种类型的拉伸与车手的骑行运动之间几乎没有什么关系。

其次是"被动"拉伸，指用一个姿势拉伸肌肉，同时在身体的其他部位、器械或同伴的帮助下固定姿势。例如，将腿搭在桌子上，拉伸腘绳肌。

最后，也是我们主要推荐的是"主动"拉伸。主动拉伸利用肌群成对工作（即主动肌和拮抗肌）的特点，积极地收缩其中一组肌肉，从而使另一组肌肉得到拉伸。例如，后脚抬高下蹲和保加利亚深蹲，这两个动作通过让臀肌参与，伸展髋关节，从而拉伸股四头肌。

"主动"拉伸：后脚抬高下蹲

"被动"拉伸：股四头肌拉伸

髋、腰椎、骨盆和腿

ROM：主动直腿抬高矫正动作

股四头肌泡沫轴滚压

骑自行车需要股四头肌做大量的工作，这几乎和我们长时间坐在办公桌前或驾驶汽车一样，是导致这个肌群出现问题的最大因素。对于车手，股四头肌紧张是无法达到令人满意的主动直腿抬高的活动范围的罪魁祸首。

■ 采用平板支撑的姿势，用肘部、前臂和脚趾支撑身体，将泡沫轴置于身下。

■ 将泡沫轴放在大腿中部的下方，降低身体，将大部分体重施加在泡沫轴上。

■ 向一侧转动身体，将体重集中施加在目标腿上。

■ 弯曲目标腿的膝关节，然后慢慢地来回滚动泡沫轴，然后进一步旋转身体，以按压大腿的外侧区域，找出紧张的部位。

■ 当找到一个紧张点时，交替按压、放松30～45秒，或按压到紧张点不再紧张。

■ 找到另一个紧张点并重复这个过程，完成整个大腿的放松，然后换另一条腿进行。

■ 你会发现，你需要更多地关注大腿外侧肌肉。

> 工具辅助自我手法治疗（TASMT）

腘绳肌泡沫轴滚压

车手的腘绳肌经常出现紧张或受限等情况，这是因为骑行是一种闭合的运动，你被锁定在一个固定的动作模式中，并且膝关节在踩踏行程的最低点通常不会展开超过 35 度。正如我们讨论过的那样，如果肌肉没有经常进行全范围活动（对于腘绳肌，则是完全伸直腿），它将受到限制。除了在车下需要完全伸展腿部时可能出现问题以外，紧张的腘绳肌也会对骑行表现产生负面影响。紧张的腘绳肌可能是腰部疼痛的一个诱因，因为腘绳肌紧张会导致向前旋转骨盆的能力变弱，从而迫使你从腰部开始弯曲整个脊柱。这可能还会影响你做出并保持最符合空气动力学的姿势的能力。这一点与计时赛车手和铁人三项运动员关系紧密。

■ 从坐姿开始，双手撑在肩膀前下方，将泡沫轴放在膝关节下方。

工具辅助自我手法治疗（TASMT）

■ 将大部分体重转移施加到滚压泡沫轴的腿上，另一条腿弯曲。

■ 将泡沫轴滚动到大腿中部，再滚回膝关节，寻找紧张的区域。向外转动脚，使体重集中施加在大腿外侧，然后向内转动脚，使体重集中施加在大腿内侧。

■ 如果发现了紧张点，交替按压、放松 30～45 秒，或按压到紧张点不再紧张。

■ 调整起始姿势，使泡沫轴位于大腿中部下方。重复上面的过程，但现在滚压的位置是从腘绳肌的上半部到臀部。

■ 在另一条腿上重复整个过程。

■ 你会发现，你需要更多地关注大腿外侧肌肉。

臀肌泡沫轴滚压

与股四头肌和腘绳肌一样，臀部肌群也极有可能影响车手的主动直腿抬高表现。臀肌覆盖整个臀部，是人体最强壮的肌肉之一。在包括跑步和骑行的大多数运动中，臀肌负责伸展髋关节，从而产生动力和推力。如果臀肌活动范围受限，会损失一些输出功率，旋转骨盆的能力也将受到限制。这不仅会导致你从一开始就无法完成主动直腿抬高动作，而且如前所述，也可能影响你维持最符合空气动力学的骑行姿势。

■ 坐在泡沫轴上，双腿弯曲，双手撑在肩膀下方。

■ 将泡沫轴滚动到臀部的目标区域。为了增加压力，可以将一条腿搭在另一条腿的大腿上。

■ 来回滚动泡沫轴，改变身体的姿势，探索整个臀部的紧张或受限区域。

■ 如果发现了紧张点，交替按压、放松30～45秒，或按压到紧张点不再紧张。

■ 在其他部位重复此过程。

■ 可以使用筋膜球来进行更强烈、更集中的释放紧张点。

工具辅助自我手法治疗（TASMT）

筋膜球

泡沫轴

大腿前侧打开动作

打开大腿前侧的股四头肌，这是一个所有车手都应该进行的典型的拉伸动作。虽然从表面上看它是一种被动拉伸，但如果你尝试转移身体重心，发现其他紧张的区域，也会获得很多的好处。当身体在一个姿势下得到放松，还可以稍微变换一下姿势，尝试更高级别的变体动作。

■ 从跪姿开始，右腿在前，单腿跪地。在左膝下面垫毛巾或垫子会更舒服。

■ 确保右膝位于右脚踝正上方，上身直立，重心位于左膝上方。

■ 收紧躯干肌肉，背部不要弯曲，收紧臀部，身体前倾，增加右腿的屈曲程度，同时拉伸左髋和左侧大腿。

■ 身体继续前倾或用台阶垫高后腿，进行强化拉伸。

■ 用另一条腿重复以上动作。

■ 大约 1 分钟后可以尝试使用阻力带。

拉伸

后脚抬高

使用阻力带

大腿后侧打开动作

有各种各样的拉伸腘绳肌的动作，但大腿后侧打开动作是最有效的方法之一。同样，不要只进行静态拉伸——这是一个主动拉伸动作。通过弯曲和伸直腿来施加和释放压力。

拉伸

■ 仰卧，将阻力带套在左脚上。

■ 将左腿的膝关节靠近胸部。

■ 伸直膝关节，增加腘绳肌张力。通过腿部屈伸来增加动作强度。

■ 用另一条腿重复以上动作。

■ 可以增加一条阻力带，进行强化训练。

臀肌拉伸

这是一个很好的拉伸臀部肌肉的动作，也是一个非常适合边看电视边进行的动作。

■ 这个动作的要领是先四肢着地，然后将右腿从身体下面向前平放在双手之间的地板上，膝关节呈 90 度弯曲。

■ 将左腿向后伸出，转动膝关节，使膝关节和脚趾接触地板。

■ 向后坐，开始拉伸，保持骨盆平直。肚脐应该与左大腿内侧对齐。

■ 拉伸过程中胸部上挺，保持呼吸。

■ 尝试将胸部向下靠近地板，并增大转体角度，轻轻地来回移动身体，拉伸所有受限区域。

■ 变换动作，拉伸另一侧臀肌。

■ 如果髋关节难以维持平直，可以在臀部下方放置一个垫块。

■ 还可以使用阻力带辅助拉伸。

拉伸

使用垫块

使用阻力带

ROM：膝靠墙矫正动作

工具辅助自我手法治疗（TASMT）

足底筋膜滚压

足底筋膜连接着脚部与踝部的许多复杂和细小的肌肉，而且很容易变得僵直。这可能会导致周围肌肉受限、疼痛和出现炎症，并对下半身产生连锁影响。

■ 赤脚站立，用高尔夫球或类似物体在脚底下滚动，脚部对球施加尽可能大的压力。

■ 寻找紧张或疼痛点，如果找到，交替按压、放松 30 ～ 45 秒，或按压到紧张点不再紧张。

■ 换另一只脚重复以上动作。

■ 有些人可能会觉得站立时对球施加的压力太大。这种情况下，坐在椅子上就可以减小压力。

小腿滚压

膝靠墙动作通常会受到小腿后侧肌肉的限制。放松小腿表面更大的腓肠肌及下面的比目鱼肌，有助于恢复正常活动范围。

■ 采用坐姿，将泡沫轴放置在小腿中部下方。

■ 双手放在肩部下方，支撑身体，将臀部抬离地面。

■ 将一条腿的脚踝搭在另一条腿上，以便将压力集中在后者的小腿上。

■ 来回滚压整个小腿，寻找紧张或疼痛点，如果找到，交替按压、放松 30 ～ 45 秒，或按压到紧张点不再紧张。

■ 换另一条小腿重复以上动作。

■ 转动并弯曲脚踝以按压小腿的不同区域。

■ 如果泡沫轴无法产生足够的压力，可以尝试使用筋膜球或类似的工具。

拉伸

踝关节背屈
打开动作

　　这个动作可以改变踝关节周围肌肉的伸展耐受性，使踝关节的活动范围更大。

- 面向墙壁站立，双手扶墙与肩同高，给身体提供支撑和控制。脚距墙 30 ～ 45 厘米。
- 右脚向前迈出一步，将脚后跟尽可能地靠近墙壁，脚趾和前脚掌踩在墙面上。
- 后（左）脚的脚后跟离地再放下，身体随之向上和向前摆动再归位，拉伸右小腿。
- 重复上一步的动作，寻找小腿的紧张区域并对其进行释放。
- 换另一侧小腿重复以上动作。
- 这个拉伸动作有多种使用阻力带的方法。

使用阻力带

胸椎

ROM：坐姿转体矫正动作

胸椎滚压

胸椎的伸展和旋转紧密相连——你不可能脱离其中一个能力而实现另一个能力。这就是为什么在这个动作中，我们专注于打造更好的胸椎伸展能力，因为它是改善旋转能力的一个很好的途径。你可以使用泡沫轴，或者如果泡沫轴太大不好操作，也可以使用花生球。在骑了一天自行车或坐了一天之后，这个动作能让身体的紧张部位得到良好的释放。

- 采用仰卧起坐的准备姿势，将泡沫轴或花生球置于上背部下方的肋骨位置。

- 手臂环抱双肩并向前拉。
- 拱起背部，在泡沫轴上伸展。
- 多保持这个姿势一会儿，直到感觉到了变化。
- 停止伸展，双手保持不动。让泡沫轴稍微向上滚动。
- 再次伸展背部，并以这种方式一直释放到将泡沫轴滚动至颈部下面。
- 通过收紧臀部并向上推髋来加大伸展程度和强度。

工具辅助自我手法治疗（TASMT）

横向胸椎滚压

如果你发现前一页的纵向伸展动作对某些区域没有作用，或者你没有得到想要的效果，那就可以尝试这种横向伸展动作。

- 起始姿势跟胸椎滚压相同。
- 不要将泡沫轴横放，将其纵向放置，左右滚动，用手臂保持上背部的张力。
- 尽可能多地滚动泡沫轴。
- 使泡沫轴沿着脊柱逐渐向上滚动，释放整个上背部。
- 如果发现身体一侧或某个区域特别紧张，保持姿势并在该部位来回滚动泡沫轴。
- 泡沫轴滚到身体一侧时，也可以尝试做伸展动作。
- 本动作的目的是滚动泡沫轴并寻找紧张或受限的区域。不要过于死板——要积极主动地找出问题。

背阔肌筋膜球释放

这个动作可用于改善上半身的所有问题，但我们从背阔肌开始。背阔肌是人体肌肉组织中具有单一附着点的最大阔肌。它不仅是肩部的关键稳定肌，而且由于其起点位于脊椎，也是脊椎的关键稳定肌。背阔肌经常受限，因为它面积大，身体经常利用它来代偿其他不活动或薄弱的肌肉。背阔肌的长度足够长，力量足够大，是许多涉及脊柱旋转的动作和过顶动作的关键影响要素。

■ 躺在垫子上，一只手举过头顶。

■ 在腋下靠近背阔肌止点和肩袖的位置放一个筋膜球。

■ 翻转身体，将体重施加在球上。

■ 增加球承受的压力并来回滚动它，寻找紧张或受限的区域。

■ 也可以使用泡沫轴进行此动作。

> 工具辅助自我手法治疗（TASMT）

放筋膜球

跪卧背阔肌拉伸

由于背阔肌很大，它的受限对车上训练和车下训练都可能产生负面影响。由于背阔肌的活动能力会影响肩部和脊柱的活动性，因此背阔肌对于人们在多种常见的健身房训练项目中保持良好的姿态，以及保持理想的最符合空气动力学的骑行姿势来说，都是关键的肌群。

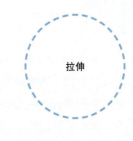

拉伸

- 跪下，手臂向前伸展，双手分开与肩同宽，双手放在地板上。
- 一只手不动，另一只手放在这只手上面。
- 稍稍向后坐，臀部靠近脚后跟，同时保持双手不动。
- 在向后移动身体的过程中，应该感觉到背阔肌得到拉伸，并且由于双手重叠，应该感觉一侧比另一侧的拉伸感更强。
- 换另一侧手重复以上动作。
- 可以升级这个动作，向不动手的另一侧转动身体，或者用长凳或瑞士球抬高双手的位置。

坐姿转体

胸部旋转的能力是反映胸椎伸展能力的良好指标。胸椎的伸展能力很难评估，但如果胸部旋转能力良好，在大多数情况下，胸椎伸展也没有问题。胸部的旋转和胸椎的伸展能力对于实现良好的动作模式是很重要的，因为胸部区域是身体上部和下部之间的有效连接。胸部受到限制会将不正常的负荷传递给身体上部和下部的其他关节，导致它们负荷过重和受伤。例如，僵硬的胸椎经常会加重腰椎的负担，导致腰部疼痛。灵活的胸椎是实现良好骑行姿势的关键因素，而且不会给其他部位施加过多负担。

- 从坐姿开始，双腿向前伸直，然后将一只脚放在另一侧膝关节的外侧。
- 下面的腿弯曲，让脚后跟靠近臀部。
- 确保体重均匀分布在身体两侧，如有必要，使用毛巾或泡沫砖辅助。
- 身体坐直，朝在上面的腿的一侧转体，目的是将肘部锁定在这一侧腿的外侧。
- 通过头部和肩部的旋转来引导该动作的进行。

拉伸

ROM：手后伸矫正动作

肩关节筋膜球滚压

工具辅助自我手法治疗（TASMT）

躯干前侧的肌肉经常会变得紧张或受限，这会使腰部更加弯曲，圆背的情况日益严重。人类的生命从蜷缩在一个"球"内开始，到了晚年也以这种姿态结束。由于这一点以及在现代生活中人们花了大量时间坐着和弯腰，躯干前侧的肌肉往往变得更长、变弱、更容易受限。滚压这些肌肉可以缓解肩部疼痛，改善肌肉的活动范围，让你拥有更完美的体态。经常正确地进行这个动作，可以让肩关节实现更大范围的内旋和外旋，从而改善你在手后伸测试中的表现，肩关节紧张通常是手后伸测试中的首要限制因素。

放置筋膜球

- 将筋膜球放在靠近腋窝处，背阔肌止点上。
- 躺下，压住球的手臂保持 90 度弯曲。在保证舒适的前提下尽可能向下压球，并在必要时调整它的位置。
- 慢慢向前和向后旋转手臂，目的是扩大活动范围。

胸肌筋膜球释放

该动作是一把双刃剑。这个动作对于扩大胸肌活动范围和减少其功能障碍非常有益，但做这个动作通常痛苦到令人难以忍受。刚开始进行这个动作时，你只需要趴下，压住筋膜球，当你可以忍受这种疼痛后再尝试下述手臂动作。

- 趴下，将筋膜球放置在一侧肩部和胸骨之间的锁骨下方的软组织上。
- 伸展同侧的手臂，用另一侧的手将球固定住。
- 尽可能多地将体重压在球上。
- 如果你觉得可以接受动作带来的疼痛，将手臂缓慢地移到头顶、体侧和背后这3个位置。
- 换另一侧重复上述动作。

工具辅助自我手法治疗（TASMT）

放置筋膜球

起始姿势

手臂动作

结束姿势

经典三头肌 / 背阔肌拉伸

拉伸

这个拉伸动作针对多个结构，包括肱三头肌的长头和背阔肌。提高这些部位的灵活性，可以有效释放肩关节，直接改善手后伸的测试结果。

- 站在墙边，使左臂高于头顶，肘部和肱三头肌贴在墙上。
- 身体倾斜靠墙，拉伸肱三头肌。
- 用右手抓住左手手腕，将左手向左肩方向推，强化拉伸动作。
- 换另一侧重复上述动作。
- 可以使用筋膜球和阻力带升级此动作。

反向睡眠者拉伸

这是一个相当"老"的拉伸动作，但它很有效，而且可以随时随地强化肩部内旋的能力。如果你完成手后伸测试很困难，那么可以在办公桌前经常进行此动作，它可以帮助你取得实际的进步。

- 采用坐姿、跪姿或站姿，将左手后伸，手掌朝外。
- 用右手抓住左臂的肘部。
- 不要让右肩向前转动或耸肩，同时向身体中心线拉左肘。
- 换另一侧重复上述动作。

使用筋膜球

拉伸

气动收益 1

即使是在改善活动范围的早期阶段，你也能够加强一个可以直接改善骑行表现的关键因素，那就是气动性。直到最近，气动性在自行车运动中的重要性才得到人们的充分认可。过去，车手总是寻找最轻的套件和组件进行比赛；如今，在大多数骑行场景中，气动性胜过了重量（质量的俗称）优势。气动性对于车手来说，就是要克服阻力。车手受到的阻力可以通过 C_dA 来测量和表达，"C_d" 是阻力系数，它是指物体在空气中移动时产生的阻力。例如，传统的圆形座管的阻力系数比气动水滴形座管的阻力系数大得多。"A" 是骑车前进时身体正面迎风的面积。空气动力学在自行车运动中非常重要，因为阻力（表示为 C_dA）与速度之间的关系不是线性的。简单地说，输出功率加倍并不会使速度加倍，否则我们就会看到环法自行车赛的车手以超过 250 千米/小时的速度冲过终点。之所以不会发生这种情况，是因为输入踏板的大部分能量被用来克服空气阻力——撞击空气分子，将它们推开。

在英国自行车"秘密松鼠俱乐部"中，英国自行车队当时处于气动方面的领先地位，车队根据在风洞试验中进行的数小时测试的结果制作了车队队员的人体模型，从而设计生产了高效的骑行服，但被国际自行车联盟（UCI）禁用。然而，尽管有这么多可以让骑行速度更快的气动装备，车手所受的阻力仍占了所有阻力的 70%～80%。如果你在自行车上的姿势没有进行气动优化，你将无法获得并保持气动优势，会消耗更多体力，那么你就是在浪费来之不易的能量，以致速度越来越慢。

显然，如果你的目标是参加计时赛或场地追逐赛，能够获得并保持气动优势是非常关键的。这对于公路车手来说也同样重要。而对于以健身为目的的车手来说，其重要性可能不太明显。不过，如果你能够保持气动姿势，在平路上，相同的骑行速度下你消耗的能量会更少，从而能给爬坡留出更多的体力。身体能够趴下去，握在下把位，就可以更快、更安全地下坡。另外，在最后 1～2 小时的艰苦骑行中，如果你不必经常坐起来并停止踩踏来伸展背部，而是可以一直保持优越的气动姿势，就能节省大量的时间。

自行车可以进行各种调试和姿势定位，调试方式几乎是无限多的，而车手的适应能力却是有限的。通常，由于身体的限制，车手必须通过调试自行车来使其适应自己的身体情况，但这往往会影响气动性。因此，如果你能够使用本书介绍的矫正动作来改善身体，你将能够采用气动性更强的姿势并在骑行中更长时间地维持该姿势。在过去的 10 年中，我们已经总结出应该改善的关键身体部位，因此才有了本书介绍的这些评估和后续的动作。

通过专注于这些矫正动作来改善活动范围，你在自行车上做出气动性更强姿势的能力将得到提高。然而，这一过程远没有结束，通过加强在活动范围内的控制能力和力量，你将能够保持这个骑行姿势更长时间，你的身体动作将更加稳定，并能够产生更大的输出功率。我们将在第 4 章再次提到空气动力学，并指导你进行下一阶段的训练动作，从而增加你的气动收益。

1. 骨盆

对于优化气动性来说最重要的部位就是骨盆。对大多数车手来说，获得气动姿势意味着降低身体的前端。如果骨盆不能向前旋转，则必须从身体的其他部位实现躯干前倾，通常是从腰部。这可能导致背部疼痛，无法保持气动姿势，并且由于腰部弯曲、背部不平，气动性会较差。车座的选择和设置对于实现骨盆向前旋转的能力至关重要，但如果腘绳肌和髋屈肌受限，骨盆旋转及降低身体的能力将严重受限。

关键训练动作

- 股四头肌泡沫轴滚压。

- 腘绳肌泡沫轴滚压。

- 大腿前侧打开。

- 大腿后侧打开。

2. 颈部 / 颈椎

身体前端下降的一个条件是，你的颈部必须能够比下降前伸展更多，以便能够看清前方道路。试一下：抬头看天花板，尝试保持一分钟或更长时间。伸展颈部的能力和力量对于实现最佳的气动姿势至关重要，并且能否保持气动姿势很大程度上取决于胸椎伸展能力以及背阔肌和胸肌的灵活性。

关键训练动作

- 胸椎滚压。

- 跪卧背阔肌拉伸。

- 胸肌筋膜球释放。

◀ 改善关键部位的活动范围可以提高在自行车上使用气动性更强的姿势的能力。

3. 上背部 / 胸椎

当讨论气动姿势时，更平的背部是黄金标准。获得更平的背部的能力大部分来自旋转骨盆的能力，但是伸展胸椎的能力也很关键。

关键训练动作

- 横向胸椎滚压。

- 坐姿转体。

4. 肩关节

除了降低身体以外，减小迎风面积，从而降低阻力的另一个要素就是让身体变窄。鉴于此，良好的肩关节活动性也至关重要。

关键训练动作

- 肩关节筋膜球滚压。

- 阻力带肩关节伸展和外旋。

阻力带肩关节伸展和外旋

肩关节是一个神奇的关节，其与肘关节、手腕和手指相配合，让手臂具有令人难以置信的灵活性。如果将它与身体的其他球窝关节（如髋关节）进行比较，其活动范围是其他球窝关节的4倍之多。然而，这一活动范围是有代价的，即损失了稳定性。脱臼在髋关节处并不常见，而这种损伤很容易发生在肩关节。即使是释放肩关节的动作，对肩关节来说也可能很危险。不过，用阻力带进行肩关节伸展和外旋是一个很好的动作，因为只要利用自重，就可以改善两个关键的活动范围，而且几乎没有任何风险。完成动作后，你会感觉很舒服，并且能让肩关节更靠近球窝的后部。

这一动作在矫正现代人群中非常普遍的"圆肩"体态时可以发挥重要作用。

- 在天花板上或墙壁上大约与头等高的地方固定一条阻力带。
- 将左手穿过阻力带，然后转动手掌，使掌心向上，拇指向外。这会使左手外旋。
- 将右手放在左手上，用右手握住左手，使左手保持外旋。
- 下肢弯曲，降低身体高度。
- 保持外旋姿势，进行肌肉的收缩和放松，改变身体和脚部的姿势，寻找并改善受限区域。
- 换另一侧重复上述动作。

拉伸

找到适合你的训练动作

在第 1 章通过评估确定了需要改善活动范围的身体部位后，本章为你提供了可用于改善的多种训练动作。由于个体差异，不同的人会对各种动作做出不同的反应，因此你需要尝试不同的动作，从而找到最适合你的、效果最好的动作。你可以尝试不同的动作和动作组合，并重新进行评估，以确定动作的有效性。

少量多次

在这个阶段，训练的频率越高越好。每天进行多次训练，应该能够帮助你取得重大进步。你不必每次都做完整个训练流程，哪怕利用 5 ~ 10 分钟进行一些你认为对自己有效的动作也是有益的。除了每日训练外，如果每周还可以进行 2 ~ 3 次 20 ~ 30 分钟的专门训练，将更为理想。这种训练不会对自行车训练产生任何负面影响，因此可以随时进行。

TASMT

本书使用泡沫轴、筋膜球或其他工具来改善和释放紧张或受限的身体部位。一般来说，你需要先在一个部位上使用 TASMT 来进行释放，然后通过拉伸动作来改善活动范围。重要的是，不要盲目地、被动地在一个部位上来回滚压，应该寻找并集中改善紧张和受限的区域。

拉伸

通常，在 TASMT 之后的训练被定义为"拉伸"，但它只是因为缺少一个更合适的叫法，毕竟"自由度"/"活动范围强化训练"这类称呼有点烦琐。进行拉伸动作时，肌肉并没有真的变长，只是减弱了限制其全范围活动的感官反应。

气动收益

如果你非常想比赛，或者是个急性子，但发现评估结果不允许你去健身房做力量训练，你可能会感到沮丧。而气动收益除了可能让你的住院时间减少外，还能让你的骑行表现得到提升。训练计划中现阶段的许多内容都可以增强你在骑行时实现气动性更强的姿势的能力。

有支撑的
活动控制能力矫正动作

我们现在进入与有支撑的活动控制能力相关的内容，本章仍然会介绍一些训练，以及相关的工具辅助自我手法治疗（TASMT）和拉伸的方法，使你的训练流程显得更专业。

在这个阶段，重要的是，所有的动作都必须以精确的方式进行，不要为了能够尽早增加负重而匆忙完成动作甚至作弊。这个阶段很容易养成坏习惯，从而影响后面的训练。我建议你花点时间通读这一部分内容，并深入理解下文中控制腰部和骨盆的相关内容。

请记住，评估以及不同级别的矫正动作，并不是具有唯一最终目的地的单行道。它其实是一个循环流动的过程，根据你的训练、比赛情况，以及骑行之外的很多因素，不断循环往复。你应该坚持进行评估，将评估和相应的动作作为改善活动范围的常规训练内容，同时，要时刻确认身体的哪些部位需要改善。即使你需要进行第一级的 ROM 的矫正动作，也不代表你退步了，只是反映出你的身体在那时的需求。

控制腰部和骨盆能力的重要性

在进行任何动作时，控制躯干，特别是控制腰椎和骨盆的能力，都是正确、协调地完成可持续动作以及承受负重的基本条件。但是，如果你来到一家健身房，会看到很多人在没有这种必备的控制能力和意识的情况下，进行深蹲、硬拉和过顶动作。在完成动作时弯腰弓背是这个问题的具体表现，而且以这种有缺陷的方式进行负重训练会对身体造成长期的伤害。

因此，控制腰部和骨盆的能力是评估的关键内容，特别是在主动直腿抬高和双臂靠墙上举的测试中。然而，人们在做这些动作时都可能有意无意地作弊。我们应警惕这种作弊行为的发生，并找出行为出现的原因，以及思考避免代偿行为的办法。这非常重要，因为许多人也许能够完成测试动作，如主动直腿抬高，但是他们完成动作的方式，可能会因为未来反复地进行该动作或因为增加了负重，而让身体很容易受伤或功能受限。

我们不相信存在所谓完美或正常的活动方式，许多试图将人限制在这些狭隘的既定目标的训练和康复系统中的做法，注定要失败。原因是，我们都是不同的个体，每个人的活动方式都不同。例如，让50个人跳上矮墙，你会发现这些人会使用各种各样的方法来完成这个看似简单的任务。如果再要求他们从墙上跳下来，你会看到更多的方式，因为着陆这个任务实际上对人体的要求更高。人们选择的着陆方式受到许多因素的制约。例如，以前类似情况的经验、不同的自由度以及不同的关节控制能力和力量等。我们没有必要有意识地去思考如何着陆，因为我们的身体会自己找出完成动作的最佳方式。

在我们伤后康复时，情况也是如此。一个典型的例子是脚踝扭伤。受伤前，我们可以一次下几级台阶，但是刚刚受伤时，

腰部拱起，将骨盆锁定在前旋的状态，
影响全范围活动。

随着骨盆的向后旋转，腰部变平，
活动范围得到改善。

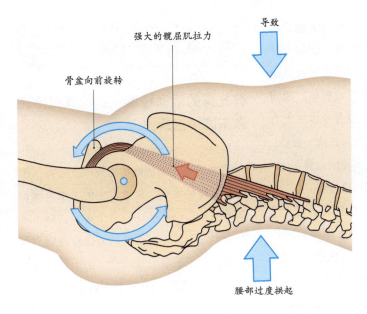

导致

强大的髋屈肌拉力

骨盆向前旋转

腰部过度拱起

◀ 紧张的髋屈肌使骨盆向前旋转，导致腰部过度拱起和活动范围受限。

我们会一步一步地下台阶，最大限度地利用没有受伤的脚。这种对动作模式的调整有助于休息和治疗，同时让我们可以继续日常的生活。随着伤势的好转，我们的身体会做出调整，逐渐恢复到之前的动作模式。

然而，人体的这种神奇的活动适应与代偿能力可能导致某些问题和前面提到的作弊行为的发生。身体的某些部位更容易缓慢地丧失自由度、力量和控制能力。这些区域通常是较复杂的、多且小的关节单位，如腰椎和骨盆。它们复杂的多关节特点，给人体的适应和代偿提供了巨大的空间。如果理想的关节组合不能以最佳方式做出某一动作，那么其他关节就会负起责任，并找到绕过问题的方法。这不一定是孤立或偶发的问题，相反，身体一旦经常依赖这种作弊行为或捷径，将形成硬连接，并成为常态。

在主动直腿抬高动作中，实现全范围活动的一个常见的限制因素是骨盆无法向后旋转，从而妨碍髋关节和腿的正常屈伸。

除非你有物理治疗的经验，否则这一表述和概念你可能很难理解，所以我们用对页的图片来解释。

如你所见，第一张图片中的运动员正在做主动直腿抬高测试，但无法将腿抬至与地面呈75度角的位置。如果靠近一点，你可以发现原因：其腰部（腰椎）从地板向上拱起，将骨盆锁定在前旋的状态，妨碍了全范围活动。

在第二张图片中，运动员成功地将骨盆向后旋转，这样可以使背部平放在地板上，从而改善了主动直腿抬高动作的活动范围。

你可以自己感受一下。按照第2章所述进行主动直腿抬高测试，并注意什么候膝关节后部和腘绳肌会有拉伸感。再做一次同样的动作，不过这次在腰部下面放置一个或两个小垫子，让腰向上拱起。你会提前产生拉伸感，而且能够实现的活动范围也更小。

很多人丧失了向后旋转骨盆的能力。久坐不动的生活方式，包括长时间骑自行车，都可能引发这个问题，不过还有其他很多诱因：可能是腰椎疼痛或僵硬，减弱了腰部保持平直的能力；或者身体缺乏力量或控制能力，无法做出并保持这个姿势；抑或另一个关节的活动范围受限或紧张（如髋屈肌），可能会将腰椎拉成弓形。

然而，由于我们的身体具有适应、代偿这类作弊的能力，一些人无须向后旋转骨盆也能够做出合格的主动直腿抬高动作。常见的作弊方式是通过吸气来压迫膈，从而有效地将腰椎压在地板上。这时，骨盆并没有向后旋转，只是和腰椎处于同一角度。幸运的是，我们有办法揭露这种行为。主动直腿抬高测试就是通过腿部的抬高和下降这两个动作进行检验的。通过给动作增加负重，虽然仅仅是一条腿的重量，那些缺乏力量和控制能力，无法保持骨盆向后旋转以及将腰椎平放在地板上的人，在将腿放下的过程中，腰部就会拱起。

你将在评估过程中发现类似的问题。只要你纠正错误并对腰椎和骨盆的姿态、形成正确的理解和意识，你就能够继续进行更高级别的负重训练，如深蹲。要确保自己的金字塔基础不是太薄弱，没有在活动范围受限、控制能力和力量不足的情况下给身体施加负重，才能避免出现背部疼痛，甚至受伤的情况。你的体态和动作不一定很完美，但是有些完成动作的方法肯定比其他人好——下次去健身房的时候注意观察一下周围的人。

髋、腰椎、骨盆和腿

有支撑的活动控制：主动直腿抬高和下降矫正动作

如果你还无法成功地完成主动直腿抬高和下降的测试，第 2 章中的主动直腿抬高矫正动作仍然适用。这个动作的腿下降部分也是为了培养必要的骨盆控制能力和意识，以便成功完成动作。为了提高骨盆控制能力，你还应该进行下面的动作。

骨盆姿态意识培养训练

正如我们刚才所讨论的那样，培养良好的骨盆姿态意识和控制能力，对于这套训练计划取得进展至关重要，这就是为什么需要在训练计划的早期阶段就安排此项训练。正确地完成这个训练，为金字塔建造出强大、稳定的基础，然后你才能开始训练计划后期阶段的负重训练。

- 仰卧，将一只或两只手放在腰椎下方。
- 向后旋转骨盆，使背部放平，轻轻压在手上。刚开始做这个动作可能有些困难，可以想象一下，将腹股沟向肚脐卷曲，同时不要将臀部抬离地板。或者，想象挤压臀部，让它们沿着地板远离躯干。当你正确指挥身体这样做时，双手就会感受到腰部产生的轻柔的压力。

- 首先练习如何产生压力，然后练习如何保持压力。
- 避免屏住呼吸，因为这会使膈充满空气并产生虚假的压迫感。这种常见的作弊行为是培养控制能力的代偿解决方案，不过有时我们确实会不自觉地屏住呼吸。
- 为了防止屏住呼吸，可以大声数数或背字母表。如果你做对了，双手感受到的压力应该没有变化。
- 如果你对这个动作充满信心并且能够保持腰部对双手的压力，就往下进行。
- 按照前面描述的步骤保持骨盆后倾，稳定后将一条腿伸直，脚后跟与地板接触。
- 当抬腿时，你会感觉到腰椎想要从地板上抬起，手上的压力也会减小。
- 利用上述提示，努力保持骨盆后倾。
- 控制身体的动作，缓慢进行，一条腿重复 5～10 次动作，然后换另一条腿重复。

单腿支撑的腿下降

如果你已经通过上一个训练动作培养了注意骨盆姿态的意识，下一阶段就是学会在负重下控制骨盆。

- 仰卧在门框之间，一条腿放在门框一侧，另一条腿伸直靠在门框上，身体靠近门框，你能感觉到腘绳肌被轻微地拉伸。
- 不在门框上的腿保持伸直。
- 双臂置于体侧，与躯干垂直，掌心向上。如果你需要确认腰椎的状态，可以将手放在腰部下面，保持腰部对手产生的压力。
- 注意保持腰部与地板接触，不在门框上的腿做主动直腿抬高。
- 抬至最高点停止，深呼一口气，就好像在吹气球，然后保持腰椎位置不变，将腿下放到地板上。
- 重复10次或直到姿势变形（参阅下一条的说明），然后换另一条腿重复。
- 如果1次都无法完成，可以使用一个凳子、一叠垫子或类似的物体来缩小必要的活动范围，这样就不需要将腿完全放到地板上。
- 目标是每组10次，完成3～5组。

核心参与的单腿下降

通过之前的训练动作，如果你已经培养出注意骨盆姿态的意识和控制能力，下一个目标就是能够在负重下控制骨盆。新的阶段会减少支撑，从而增加单腿下降的负重。阻力带有助于让腹部肌肉进行更大的收缩。

- 仰卧，靠近墙壁或门框。准备一条可以下拉的阻力带。
- 注意骨盆姿态并保持腰部与地板接触，直臂下拉阻力带，双臂置于身体两侧。
- 保持手臂姿势以及腰部与地板的接触，抬高双腿。
- 每次抬起一条腿，放下后再次抬高。注意不要放到地板上，使腿与地板保持几厘米的距离。
- 目标为完成 10 次，然后换另一条腿重复。
- 如果每条腿都能够完成 10 次动作，你应该就能够通过主动直腿抬高和下降的评估了。

自行车骑行训练突破：力量与体能训练指南

胸椎

有支撑的活动控制：双臂靠墙上举矫正动作

如果你通过了手后伸和坐姿转体测试，那么你应该没有太多要解决的问题。但是，如果活动范围仍不太理想，那么现在加强控制能力就没什么意义了。因此，我们会通过一些额外的改善活动范围的训练动作，帮你通过双臂靠墙上举的测试。

工具辅助自我手法治疗（TASMT）

用泡沫轴进行胸椎伸展和双臂上举

与之前的胸椎伸展和转体动作类似，这个动作也被包含在相同的序列中。它除了能伸展胸椎外，还对双臂上举具有额外的锻炼效果。

■ 仰卧，在胸部下方放置一个泡沫轴。

■ 手臂举过头顶，在泡沫轴上方伸展——注意是胸椎伸展，腰椎需保持中立。

■ 将手臂完全举过头顶，抬高臀部来增加压力。

■ 从上背部靠下的位置向上在泡沫轴上滚动身体，找到双臂上举时最受限的部位并释放该部位的肌肉。

■ 完成此动作后重新进行双臂靠墙上举测试——可能会有惊喜。

强化第一肋骨的活动性

对于物理治疗师来说，第一肋骨是人体中一个神奇的部位。无论是通过被动治疗还是主动训练释放这个部位，我们总能看到明显的效果。作为颈椎与胸椎的接合处，它不仅具有关键的机械作用，而且与肩部相关联。在它的正下方是一条神经干道，即臂丛，其中包含负责支配上肢和身体其他部位的神经。这就解释了为什么它对于整个肩部和胸椎的活动如此重要：如果这个区域很紧张或活动受限，所有的神经元都会被锚定和被束缚。对许多人来说，释放这个部位之后可能是一个真正的"觉醒"时刻。

- 找到右肩上锁骨和下颈部之间的柔软凹陷，在这里放置筋膜球。
- 用环形阻力带压住球后，将阻力带绕在右肩上。
- 固定球和阻力带，弯腰，用左脚踩住阻力带的另一端。
- 慢慢站直，拉长阻力带，对球施加压力。
- 抬起右臂并旋转，用手臂画圆，头转向另一侧。寻找受限区域并对其进行释放。
- 换另一侧进行相同动作。

工具辅助自我手法治疗（TASMT）

放置筋膜球

臀肌泡沫轴滚压

双臂靠墙上举测试的一个不进阶的原因是腰部无法与墙壁保持接触。在这种情况下，虽然手臂可以达到要求的活动范围，但是无法控制腰椎，腰部拱起很严重。这表明向后旋转骨盆的能力可能是其限制因素。

工具辅助自我手法治疗（TASMT）

第3章 有支撑的活动控制能力矫正动作

弓背和沉背拉伸

拉伸

四肢着地的跪姿弓背和沉背拉伸动作，也被称为猫牛式拉伸，它虽然是一个很"老"的动作，但无数次的测试证明，它仍然有效。它非常适合帮助你感受和理解在进行其他动作时，骨盆的向前和向后转动。这个动作的最终目的，还是在进行双臂上举时，让骨盆后旋、腰椎靠墙。跪姿在完成动作时提供了更多的支撑，因此你可以专注于解决向后旋转骨盆这个限制因素。

■ 身体呈跪姿，双手撑地，膝关节置于臀部正下方，双手置于肩部正下方。

■ 弓背。想象有一根绳子从肚脐穿过，将身体拉向天花板。

■ 沉背，想象绳子被向下拉，让你的臀部抬高。

■ 两个姿势缓慢交替转换3～4次，每次都充分拉伸。

■ 这个动作应该由腰椎和骨盆完成，不要弯曲手臂或做出任何腿部动作。

■ 保持弓背姿势，然后慢慢地坐到脚后跟上，同时保持骨盆后旋，动作结束。

自行车骑行训练突破：力量与体能训练指南

普拉提和瑜伽

普拉提得名于其创始人约瑟夫·普拉提，这是一套为受伤的舞者开发的康复方案。真正的普拉提使用的是一台身体重塑机器（国内称普拉提床），上面有带弹簧的滑动练习台，可以提供阻力。它可以改善使用者的身体活动范围，帮助使用者实现训练所要求的各种姿势，以提高力量和控制能力、保持姿势、对抗阻力。"瑜伽"一词涵盖了各种各样的风格，包括火热的比克拉姆瑜伽、温和的哈他瑜伽和充满活力的八支分法瑜伽。普拉提和瑜伽的确能够改善你身体的活动范围，从而帮助你建立坚实的体能基础。两者的另一个相同点是都注重呼吸，对于这一点，作为车手，你应该专门进行训练。

如果你正在考虑尝试普拉提或瑜伽，关键是找到合适的课程和教练。由合格教练担任指导的小型普拉提班与每周末一次的30人班的课程之间有巨大差异。普拉提和瑜伽的动作与姿势都要求非常精确，极微小的调整也会产生重大变化。英国自行车队的很多车手都在他们的训练中加入了普拉提和瑜伽内容，我们会尽一切努力来确保课程、教练和教学的品质。你也应该这样做。我们的建议是，如果你是一个新手，在加入多人的课程之前，最好先寻求一对一的指导。

普拉提和瑜伽都可以成为车手在骑行和本书介绍的训练动作之外的绝佳补充。当然，如果你愿意出去上课而不是在寒冷的车库或空房间里自己训练，这是一个明智的方法，并且是你激励自己进行专注的车下体能训练的好方法。你可以先通过评估来确定自己的弱点，然后了解普拉提或瑜伽如何帮助你进步。你可能会注意到我们安排的训练中有它们的影子。这种开放的思想和借鉴其他训练形式的做法，对于制订全面、平衡与有效的训练和治疗计划至关重要。没有哪种训练或治疗方法是真正的"独此一家"，因此，如果有培训师、从业者或专家声称他们的方法是唯一的，你就应该要小心了。

◀ 普拉提和瑜伽都可以成为车手在骑行和本书介绍的训练动作之外的绝佳补充。

活动控制

你已经花了很多时间改善自己的活动范围，而能够在一定范围内控制你的四肢和躯干是至关重要的。有些人天生具有极其灵活的关节，但缺乏力量和控制能力。他们可能拥有完整的下肢关节活动范围，拥有非常好的下蹲自由度，但是如果你把一个杠铃放在他们的肩膀上，可能会带来灾难性的结果。同样，如果你之前不得不花时间改善活动范围，那么你现在必须加强控制能力。

控制腰部和骨盆

我们的身体非常神奇，能够在我们缺乏执行某个动作的最佳能力时，帮我们找到另一种方式继续完成这个动作。从生存的角度来看，这很好，但从体能和长期健康来看，它并不总是那么好。如果你采取了一个妥协或作弊的动作，就会把问题复杂化，这样不仅没有扩展体能基础，还"成功"地将基础变得更窄了。控制腰部和骨盆能力的动作是作弊行为多发区域，该能力可以显著影响活动范围和运动表现。幸运的是，我们介绍的评估和训练动作可以帮你识别和矫正这些作弊行为。

普拉提和瑜伽

如果你在普拉提和瑜伽课程中也做过本书介绍的一些动作，这并非巧合，这正说明这些内容对于车手来说都非常好，是对本书介绍的训练计划的有益补充。如果你正在考虑学习其中一项，先做一些功课，然后找到一位合格的教练，并从一对一的课程开始。

无支撑的
活动控制能力矫正动作

当你进入这个级别时，会感觉到这些动作与上一阶段相比更像是训练。我们将更经常地提到组数和次数，特别是当开始增加负重后，你就需要开始考虑如何合理地安排这些课程了。

如果你对力量训练还不熟悉，会发现几乎任何对肌肉产生刺激的训练都会让你进步。出于这个原因，这时没有必要过分强调所能承受的重量或重复的次数和组数。随着你不断进步，这些因素将变得越来越重要，但目前优先考虑的是培养良好的技术。同样还要记住，不仅仅只有肌肉得到了强化，你的肌腱和韧带（都是结缔组织）也将慢慢适应新的训练流程。结缔组织的适应能力往往不如肌肉，虽然你可能觉得自己变强了，能够举起更大的重量，但是过快地增加重量可能会使这些组织面临受伤的风险。

早期的工具辅助自我手法治疗（TASMT）和拉伸动作可能一直采用的是每次少量、每天多次的动作模式。但现在，如果你正专注于车下体能训练，应该保证每周有 2 ～ 3 次的专门课程，并且尽量遵守以下准则。

- 每周至少进行 2 次训练，每次训练间隔 48 小时。你仍然可以在这些课程的基础之上继续进行 TASMT 和拉伸动作。
- 根据评估结果，选择适合自己的动作。
- 确保正确进行训练。先掌握正确的姿势和技术，再增加负重。
- 使用主观体力感觉等级表（RPE）判别负重是否合适。请参阅后面的详细说明。

你还需要考虑这些动作对自行车训练有哪些影响，反之亦然。将耐力训练和力量训练相结合的训练被称为同期训练，这种做法可能存在问题。在尝试进行力量训练的同时进行加强耐力的训练，可能不利于整体的训练效果。这是一个有相当多的研究和争议的领域。通常情况下，耐力训练对力量训练效果的影响，大于力量训练对耐力训练效果的影响。在这当中需要考虑许多因素，如耐力训练的频率、模式及其持续时间。

在所有耐力运动中，骑行由于对身体的冲击非常小，因此其对肌肉的损伤也非常小，通常它对力量训练收益的干扰也最少。但是，如果将高强度的骑行训练和高负荷的力量训练结合进行一段时间，它们可能会对彼此产生负面影响。你可以采取许多方法来最大限度地减少这种负面影响。

■ 最大限度地延长耐力训练和力量训练之间的恢复时间。如果可能，两个训练至少

间隔8小时。例如，早上8点进行骑行训练，下午6点进行力量训练就没有太大问题了。

■ 优化课程之间的补给方案。确保在第一次训练课程之后和开始第二次课程之前饮用体能恢复饮料或吃富含蛋白质和碳水化合物的食物。

■ 力量训练优先。这虽然不是理想情况，但如果确实无法将力量训练和耐力训练分成单独的训练课程，则应先进行力量训练。

▼ 耐力训练和力量训练可能会相互影响，因此需要考虑恢复安排和训练结构。

■ 不要训练到力竭。进行力量训练时，应避免训练到力竭。训练到这个程度，会大大增加恢复所需的时间，而且训练效果也不会因此提升。

实际上，如果你集中进行力量训练，那短期内你的骑行表现可能会受到影响。这就是为什么休赛季是专注于车下体能训练的最佳时间。此外，由于骑行的训练量和强度通常较低，因此你可以从力量训练中获得更好的训练效果。

RPE

相对于矫正动作，进入更有训练感觉的这个阶段后，你需要对运动强度与 RPE 有所了解。作为一名车手，你很可能熟悉 RPE 的概念，并会用它来衡量自己骑车时的努力程度。你可能会提到博格（Borg）评分量表，其与心率和功率相结合，为心血管训练（有氧训练）提供了强大的工具。RPE 也可以作为力量训练的工具。不推荐每个动作进行单次最大力量（1RM）测试，因为这样做非常困难而且存在潜在的危险。可基于 RPE 计算出适当负重对应的次数，一旦你熟悉了如何使用 RPE，它就能为你提供一种安全且有效的替代方案。它也非常适合在自重训练，如俯卧撑和反向划船中使用。

在本章和下一章中，我们将给出每个动作应该达到的 RPE 分值。使用 RPE 的好处是，它鼓励人们根据自己身体的主动意识制订目标，而不是盲目地制订目标。请记住，不能为了完成一组动作而"不择手段"，如果动作变形，那么这组动作就应该结束了。

RPE 分值	体感
< 5.5	过于轻松，不能算作真正的训练
6	相当轻松，可以作为热身组
6.5	热身组的边界线
7	举起 / 移动速度相当快，可以作为一个轻松的起始组
7.5	大概可以再做 3 次
8	肯定可以再做 2 次
8.5	大概可以再做 2 次
9	肯定可以再做 1 次
9.5	大概可以再做 1 次
10	肯定无法再做 1 次

髋、腰椎、骨盆和腿

无支撑的活动控制：髋关节铰链矫正动作

　　对于铰链或任何复杂的多关节运动，具备良好技术的关键是学习并掌握如何正确地做出动作。这包括利用各种线索反复练习。由于你可能没有教练来指导，因此外部线索配合身体的生物反馈可能是最好的自学手段。

　　外部线索是指引导运动员将注意力从他们的身体上移开，转向他们的动作对其环境的影响的线索。生物反馈指的是能让运动员很好地完成动作的可提供感官信息的东西。在本书中，外部线索可能是放在背部的体态棍、墙壁或其他方法。重点是，它们对运动员来说是有形的且易于理解的线索，而不是依靠感觉来判定的模糊概念。根据我们的经验，外部线索往往对车手和其他运动员更有用，因为它给了他们多次体验和练习动作的机会。对于那些不经常进行的动作，缺乏身体意识往往是主要的限制因素。

　　对于任何铰链动作，车手需要注意的关键点如下。

保持背部平直/中立并保持良好的骨盆姿态

从髋部到肩部呈一条直线

挺胸

向后推髋

不要让膝关节向前，要把它们向后压

与早期阶段的矫正动作类似，在这一阶段你同样需要进行反复尝试才能找到最适合你的动作。请记住，我们都是不同的个体，会对不同的线索做出不同的反应。不要忘记自己或请朋友帮忙录制视频。通过视频查看自己的动作，通常可以提高训练策略的有效性。

一旦你从前 3 个动作中找到了适合自己的一个或多个动作，定期反复训练就成了取得进展的关键。训练的目标是每天进行 3 组、每组 10 次，直到你可以按照评估指南的说明，始终如一地完成铰链动作。如果你能够做到这一点，就应该继续进行后 2 个动作来巩固这个模式。在此阶段，按照本章前面提到的训练安排和训练量的说明进行即可。

双手大腿下滑铰链

对于一些人来说，在保持前述铰链动作关键点中描述的姿态的同时，手沿着大腿向下滑动，是学习铰链动作模式的快速而简单的方法。

培养模式

- 站立，膝关节放松，胫骨垂直于地面。
- 双手沿着大腿向下滑动，但不要让膝关节向前移动。
- 每次做动作时，尝试稍微向后推髋关节，同时保持背部平直，不要让膝关节向前移动。

体态棍背后铰链

实际上，在铰链动作评估的测试或练习中，如果你对脊柱的自我感知不足，使用体态棍就非常有用了，因为它可以就背部的姿势提供反馈。

- 直立，双脚分开与肩同宽，膝关节伸直但不要锁死。
- 如图所示，用双手握住体态棍。在进行整个动作过程中必须保持的关键接触点是，体态棍接触头后部，上面的手接触颈后部，体态棍接触上背部，下面的手接触腰部，体态棍接触尾骨。
- 向后推髋关节，膝关节可以稍微弯曲一点。
- 每次完成动作时，保持背部与体态棍的完全接触，目标是让身体的弯曲角度更大，直到每次都能够达到评估所要求的50度角。

培养模式

臀靠墙铰链

如果你很难让髋关节与肩关节保持在一条直线上，这个动作对你就特别有用，因为它可以为你提供有形的目标，确保动作由髋关节完成。

- 背对墙站立，脚后跟靠墙，然后向前走一脚的距离。
- 保持膝关节放松，做出铰链动作；保持背部平直，直到臀部接触墙壁。
- 触墙后保持姿势不动，感受腘绳肌的伸展，并快速检查铰链动作的关键点。

培养模式

静持负重铰链

当你可以在无负重状态下始终如一地完成铰链动作，就可以将这个动作模式储存在你的神经系统框架里了。如果你没能完成，并将这个不合格的动作作为常规训练的一部分，你的铰链动作水平会迅速下降。外部负重对巩固铰链动作非常有用，因为它可以让你的身体记住这个动作模式，并加强肌肉、

巩固模式

骨骼和结缔组织。

壶铃、哑铃、负重背包或哑铃片都可以作为外部负重。这个动作的关键是让负重保持在上腹部和胸骨位置，这样可以提高重心，有助于实现必要的姿势。

- 握持适当的负重，做出铰链动作。
- 握持负重在动作的最低点保持住，检查所有铰链动作的关键点。
- 按下面的时间要求保持动作，然后返回起始姿势，休息一下后重复该动作。

每组3次，每次5秒，共完成3组动作，调整负重使其更具挑战性（7～8 RPE）。

负重铰链

一旦你可以始终如一地完成静持负重铰链动作，就可以进入下一级别的负重铰链动作，使动作更加连贯。这个动作的目的是继续巩固动作模式，并让身体为深蹲等更复杂的铰链类动作做好准备。

■ 按照静持负重铰链的动作，手持适当的负重，然后按照下面的说明完成动作。

■ 一旦你确信能够采用中央握持负重的方式完成铰链动作，就可以使用壶铃、哑铃或杠铃作为负重了。这需要更好的控制能力。

进阶动作 1

完成 3 组动作，每组 5 次，每次缓慢下降 4 秒，在动作的最低点保持姿势并停顿 2 秒，然后控制身体的动作，缓慢恢复至起始姿势（7～8 RPE）。

进阶动作 2

完成 3 组动作，每组 10 次，控制身体的动作，以正常速度恢复至起始姿势（7～8 RPE）。

你应该先进行进阶动作 1，通过减慢下降速度来提高控制能力，直到你在负重模式下感到舒适和自信，再进行提高了动作速度的进阶动作 2。

巩固模式

第 4 章　无支撑的活动控制能力矫正动作

无支撑的活动控制：深蹲矫正动作

在谈论提高骑行表现的方法时，深蹲是许多人会提到的一个经典动作。这确实是一个很好的动作，但你需要学会如何正确地做动作以及合理地增加负重。太多的通用车下训练计划都会安排负重深蹲训练，但是这些计划很少或几乎不考虑运动员是否具有足够的活动能力。只有当你的执行这个动作涉及的所有关节都具备了足够的活动范围和控制能力时，你才可以考虑将其纳入提升运动表现的训练计划。

深蹲动作可以通过多种不同的方式来增加负重，虽然会略微改变动作的做法，但就本质来说没有什么差异。例如，与更常见的后蹲相比，前蹲（将杠铃放在胸前）增加了对股四头肌的要求。然而，要想成功地完成这个动作，有许多要注意的关键点。

下图展示了深蹲动作的几个关键点。一定要注意，深蹲是一种全身运动，只有

头应该朝前，避免过度弯曲

膝关节应保持与脚对齐

双脚的距离、外旋角度以及相对位置取决于个人情况，关键是个人感觉自身强壮且稳定，然后将双脚"钉进"地板里

下蹲的深度应该根据个人的能力而定

所有这些关键点你都注意到了并达到要求了，才能确保深蹲动作的成功。

脚的站位很关键，因为它们是身体与地板的接触点，是最终受力的位置。脚的位置应该让你感觉自身强壮而稳定；对于大多数人来说，双脚的距离大约与肩同宽。下蹲时，脚应平放在地板上。双脚可以稍微向外旋转——关于双脚此时宽度的建议差别很大，并且对于脚应该更多"外旋"（即脚向外旋转的角度大小）还是更少"外旋"，目前还存在争议。

根据我们的经验，双脚的站位和角度应由个人情况决定——确保个人感觉自身强壮且稳定地站在地上。人们普遍认为站姿应该是对称的；然而，鉴于人体解剖学的巨大差异（即使是同一人体），我们认为站姿不一定要对称，而应该由个体情况决定。

如果你找到了感觉舒适的姿势，就将脚"钉入"地板。这里给出一个简单的提示，想象你站在地板上的一张纸上。一旦找好站姿，就试着用脚"撕开"这张纸。这可以激活下肢和躯干肌肉，为马上要做的动作做好准备。

在下蹲过程中，保持脊柱，包括头颈部在内的正确姿态至关重要。同样，关于什么是最佳的脊柱姿态，人们也有很多说法。传统的举重"教科书"强调的是强壮的腰椎椎弓。然而，腰椎椎弓负重对于一些运动员来说可能存在问题，因为这将负重施加在了不应该承重的结构上。每个人都有独特的身体姿态、体格和体型，因此每个人的最佳姿势也是独一无二的。最好的方法是创造三维稳定性，把整个身体看作相互作用的整体，而不要只关注特定的区域。这就好像帐篷上的拉绳——每条绳索都提供"最佳"张力，最终形成一个平衡结构。

下蹲（下降）的目的是在弯曲髋关节和膝关节的同时保持正确的脊柱姿态。在下降和上升时，膝关节应该保持与脚对齐，否则最终又会将负重压在不应该承重的结构上。一个常见错误是膝关节塌陷。这会以不适当的方式增加膝关节的压力，最终可能导致炎症和疼痛。

下蹲的深度应由能够维持适当身体姿势的能力决定。如果你无法保持足部、膝关节、髋关节和脊柱的最佳姿态，蹲得再低又有什么意义呢？在一天结束时，你正准备做深蹲动作，试图通过给各个肌肉和关节增加负重强化刺激，从而提高运动表现；但如果不遵循这些技术动作要求或负重要求进行训练，训练强度将超出你身体的能力范围，可能出现疼痛、炎症甚至可能导致受伤。这与你想要达到的效果（即改善健康、提高运动表现）正好相反。

与铰链动作相同，我们将使用前3个动作来培养深蹲模式，然后进阶到最后2个动作，加上负重，从而巩固这个动作模式。

手臂前举，自重深蹲

将评估过程中横在肩膀上的体态棍去掉，你就可以使用手臂控制平衡，有机会真正感受这个动作。

■ 采取站立姿势，按照第 116 ～ 117 页的深蹲关键点说明，为脚、踝关节、髋关节和肩关节找到稳固的姿势。使用此动作来寻找深蹲的起始姿势，并确定最适合自己的双脚宽度和对齐方式。

■ 当你找到稳固的姿势后，不要忘记将双脚"钉入"地板，双臂前平举，然后慢慢地下蹲。在保持良好姿势的前提下，尽可能向下蹲。

■ 在最低点保持姿势，不要锁死膝关节，然后返回起始姿势并重复动作。

■ 虽然你可以尝试感知自己的动作或从镜子中观察，但如果可能，请别人帮你录制下蹲动作。稍后，你可以通过视频查看自己的脚、膝或躯干是否保持了最佳姿态。

培养模式

完成 3 组动作，每组 5 次，每次缓慢下降 4 秒，在动作的最低点保持姿势并停顿 2 秒。

停顿的目的是提高你感知身体的空间意识，有助于巩固关键姿势。

一旦你可以舒适地进行此动作并能始终保持所要求的姿态，就可以进行巩固该模式的训练。如果完成训练有困难，接下来的 2 个动作应该可以帮到你。

阻力带深蹲

下蹲时一个常见的问题是膝关节内扣，即向内倾斜。虽然阻力带本身不能防止这种情况发生，但它可以为你提供外部反馈。这可以激活膝关节附近的更多肌肉，从而防止其内扣。

■ 将阻力带套在腿上，放在膝关节上方约 2.5 厘米处。

■ 保持阻力带的张力，手臂平举，完成下蹲动作。

完成 3 组动作，每组 5 次，每次缓慢下降 4 秒，在动作的最低点保持姿势并停顿 2 秒。

如果你可以一直很好地完成这个动作，回到上一个动作，看看现在是否能够在膝关节没有塌陷的情况下完成。

培养模式

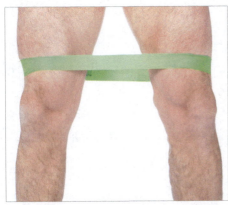

靠墙蹲

这是一个很好的动作，可以纠正很多下蹲的问题，例如髋关节无法靠后，胫骨无法垂直于地面或躯干过度弯曲。即使你一个人进行练习，靠墙蹲也可以为你提供充分的反馈，因为动作正确时，头和膝关节都会更靠近墙壁。

■ 面向墙壁站立，采取准备下蹲的姿势，脚趾接触墙壁底部；如果感到困难，最多向后退 30 厘米。

■ 将双手靠近墙壁，手心朝前，手掌大约位于髋关节下面的高度。

■ 尽量下蹲，双手随之下沉，不要让头部或膝盖碰到墙壁或身体向后倾斜。无须达到全深度。

■ 在最低点停顿，恢复站立姿势并重复动作。

培养模式

深蹲动作可能会引发一个有趣的难题——没有外部负重，学习正确的动作模式可能很困难。有些运动员无法通过前面的练习来学会动作，而一旦增加一些负重，他们似乎就可以做好。然而，这并不意味着如果你在学习正确的动作模式阶段有困难，就应该直接增加负重。你必须先掌握自重深蹲的技术，否则受伤的可能性很大。如果你觉得增加一些负重可能会有所帮助，可以尝试以下 2 个轻负重的动作，但你需要不断地重新尝试前 3 个动作，评估负重训练是否真的提高了你的动作质量。

完成 3 组动作，每组 5 次，每次缓慢下降 4 秒，在动作的最低点保持姿势并停顿 2 秒。

提物深蹲

在身前增加一些外部负重，不仅可以调动躯干肌肉参与保持躯干的姿态，还有助于保证膝关节的正确姿态。

- 在双脚之间的地板上放一个哑铃或壶铃，下蹲将它提起，重点注意深蹲动作的关键点。
- 握持负重并完成所需的重复次数，注意保持正确的姿势。

进阶动作 1

完成 3 组动作，每组 5 次，每次缓慢下降 4 秒，在动作的最低点保持姿势并停顿 2 秒，然后控制身体的动作，缓慢恢复至起始姿势（7 ～ 8 RPE）。

巩固模式

进阶动作 2

完成 3 组动作，每组 10 次，控制身体的动作，以正常速度恢复至起始姿势（7 ～ 8 RPE）。

你应该先进行进阶动作 1，通过减慢下降速度来提高控制能力，直到你在负重模式下感到舒适和自信，再进行提高了动作速度的进阶动作 2。

如果从地板上提起负重有困难，你可以将哑铃或壶铃放在一个小台阶或几片杠铃片上。

使用杠铃片

高脚杯深蹲

将负重保持在胸部高度，提高重心，从而提高对躯干肌肉参与保持身体姿势的要求。

- 在胸前握持一个哑铃、壶铃或杠铃片。
- 按照正确的姿势下蹲。
- 保持负重高度，完成要求的重复次数，保持良好的姿态，身体不要前倾。
- 如果发现膝关节内扣，可以根据第 119 页上介绍的动作，使用阻力带矫正。

进阶动作 1

完成 3 组动作，每组 5 次，每次缓慢下降 4 秒，在动作的最低点保持姿势并停顿 2 秒，然后控制身体的动作，缓慢恢复至起始姿势（7～8 RPE）。

巩固模式

进阶动作 2

完成 3 组动作，每组 10 次，控制身体的动作，以正常速度恢复至起始姿势（7～8 RPE）。

你应该先进行进阶动作 1，通过减慢下降速度来提高控制能力，直到你在负重模式下感到舒适和自信，再进行提高了动作速度的进阶动作 2。

通过这两个动作，你应该能够将深蹲动作的运动表现提升到一个合理的水平，并牢牢掌握这个动作模式。但是，如果你经常做深蹲，会发现握力 / 上肢的力量，以及能够握在手中的负重会成为限制因素。到了那个阶段，你如果对自己的姿势有 100% 的自信，应该考虑进行第 5 章介绍的下蹲的变体动作。

多深才算深？

关于下蹲深度的观点和争论很多。到任何一个关于力量训练或健身的论坛，你都会看到很多关于下蹲是应该让"屁股碰到草"还是让"大腿略低于水平线"的不同意见，就像车手对于Campagnolo和Shimano这两个品牌的观点不同一样。事实上，这与大多数事情一样，取决于运动员自身的能力和目标。对于什么是合适的下蹲深度，我们有很多考虑因素，还需要回到遗传学和骨骼结构上来。髋关节的结构决定了下蹲的深度。脊柱专家斯图尔特·麦吉尔谈到了东欧人特有的"凯尔特髋"和"达尔马提亚髋"。他发现，东欧人往往有较浅的髋臼窝，容易下蹲，而拥有凯尔特髋的人则不那么容易下蹲。然而，下蹲不仅仅受髋关节的影响，它还涉及多个关节的相互作用，骨盆和腰椎也是关键点。因此，鉴于有如此复杂的动作和如此多的个体因素，人们对下蹲深度给予统一的建议既不可能也是不负责任的。最重要的是，尤其是在负重下蹲时，髋关节弯曲的同时能够保持脊柱中立——这要求所有关键部位的活动能力和稳定能力都非常好。

▼ 你的基因、身体灵活性和训练目标共同决定了适宜你的下蹲深度。

无支撑的活动控制：分腿蹲矫正动作

分腿蹲采用类似深蹲的动作模式，不过它采取的是不对称的分腿姿势。这很重要，因为在我们日常的许多动作模式中，如走路、跑步和骑自行车，实际上并不经常进行那些同等负重的双脚运动。由于我们已经打下了铰链和深蹲动作的基础，因此在这一阶段不用太担心动作模式，可以让练习马上更具训练的感觉。掌握正确的分腿蹲动作是非常有必要的，并且不需要进行双脚练习时那么大的负重（自重通常就足够了）就可以获得足够的训练刺激。由于它对于训练器械的要求很低，因此非常适合外出时进行。

下面是一些需要注意的关键点。

■ 大多数人在做分腿蹲及其变体动作时，会保持身体与地面垂直。然而，如果我们仔细观察自己的下蹲姿势，可能会发现它与标准姿势有许多不同，而这个异常的动作反映的就是我们的某个运动机制有缺陷。

■ 我们建议在完成动作时躯干前倾，让双腿的受力更均匀，从而按照正确的动作模式进行训练。

■ 正确的下蹲动作应该采用坚实的铰链动作模式，过度直立的姿势会对膝关节和腰部造成更大的压力，臀部和大腿上部的压力却大大减小了。

✔ 前倾姿势　　　　　　　　✘ 传统的直立姿势

头部也应该保持中立——就像拴在绳子上的一个气球

脊柱保持挺直中立，同时身体前倾

腹部收紧对于保持要求的躯干姿势也至关重要

通过使后腿的脚后跟朝上来保持身体挺直。如果身体后移，后腿上方发生塌陷，会导致髋关节向下和向前移动，从而对腰椎产生更大的压力

大部分体重应施加在前面的腿上

找到适合你的步幅。一般来说，较大的步幅对髋部肌肉的刺激更强烈，而较小的步幅则对股四头肌的刺激更强烈。关键是不要因为不适合你的步幅而改变姿势

■ 动作开始时，注意躯干应该直上直下，同时还要保持上面要求的姿势。躯干不要有水平位移。

■ 不要让膝盖完全下降到触碰地板——尽管在整个活动范围内锻炼很重要，但让膝盖接触地板，往往会使身体张力下降，从而导致姿势变形。

■ 蹬地，身体上升返回至起始姿势。这有助于在上升时保持正确的姿势。

分腿蹲

培养和巩固模式

　　起始姿势是做评估中的分腿蹲动作的关键点。在学习这个技术动作时，控制身体慢慢下蹲并在最低点停顿一段时间，有助于培养身体对动作的感觉。而且由于必须更长时间地保持身体姿势，这一动作还可以强化较小的稳定肌。

■ 从站姿开始，向前迈一大步，保持双脚对齐或略微偏移。

■ 同时抬起后脚脚后跟，正确地做出髋关节铰链动作，这会让躯干向前倾斜。做分腿蹲和弓步的常见错误是躯干与地面垂直。

■ 收紧躯干肌肉并保持脊柱中立。

■ 弯曲膝关节，向地面下降，想象自己在做垂直下降运动。

■ 保持前腿胫骨垂直于地面，膝关节在脚部中间的正上方。

■ 两个膝关节都呈90度弯曲。

■ 返回起始姿势，并按上面提到的关键点保持姿势。

■ 如果做出上述姿势很困难，在前脚的脚掌下方垫一个半圆形的泡沫轴会有所帮助。

　　为了检查姿势是否正确，可以进行分腿蹲到下蹲测试。分腿蹲到下蹲测试是指分腿蹲到最低位置时，无须调整身体姿势，将后腿向前迈，与前腿并拢。如果必须明显改变身体姿势或根本无法做到，说明分腿蹲的姿势可能不正确。

分腿蹲到下蹲

弓步走

一个常见且常用的分腿蹲变体动作是弓步走。但是，对于大多数人来说，这不是一个适合的训练项目。这种动态变体动作经常导致姿势和动作变形，这有几个原因。首先，行走的动量会导致髋关节向前推得太远，从而难以保持最佳的髋部力学结构。这就是为什么许多练习者抱怨弓步走动作会引起膝关节和腰部疼痛。其次，弓步走或倒弓步走（向前或向后）更难以矫正和微调。因为运动的过程太快，无法对姿势进行微调。而静态的弓步，特别是

按照要领身体主动控制动作时，可优化发力结构并对其进行调整。最后，很多人的平衡感和稳定性都很差。如果髋关节、足部和踝关节的发力方式都有缺陷，那么弓步走注定会失败，甚至会进一步降低技术水平。这样，你将被迫依靠代偿行为和跨步姿势才能保持平衡。尽管弓步走有这么多的缺点，然而一旦掌握了正确的弓步走动作要领，并且消除了功能障碍，就可以安排弓步走动作了，这个动作具有一些独特的益处。

负重分腿蹲

基础的分腿蹲动作可以通过增加外部负重来强化，具体方式很多。与其他动作一样，负重可以进一步刺激神经肌肉系统，从而帮助你取得更好的训练效果。

■ 理想情况下，可以采用手握哑铃的方式增加负重，按照我们的经验，这样有助于正确地完成动作。

■ 你可以像高脚杯深蹲一样将哑铃或壶铃握在胸前，但要确保动作正确，而且不要采取过度直立的姿势。

培养和巩固模式

后脚抬高分腿蹲

分腿蹲的另一个进阶动作是后脚抬高分腿蹲，也被称为保加利亚分腿蹲。抬高后脚可以增加前腿的负重，从而增加前腿肌肉的工作强度。因此，如果你不方便使用负重时，这个动作将是一个不错的选择。

■ 从技术上讲，这个动作与前面描述的分腿蹲动作相同，你应该遵守相同的动作要求。

■ 完成这个动作的关键是后脚抬高的高度。大多数人往往抬得过高，从而形成了我们应该避免的姿势。后脚抬高的具体高度取决于许多因素，如身高、腿长等，但最终应由个人正确执行动作的能力决定。一般的经验是，大多数人抬高至 30～40 厘米的高度最合适。

■ 一旦掌握了动作要领，就可以增加负重，推荐手持哑铃。

对于这 3 个动作，刚开始学习时进行 3 组，每组 5 次，每次缓慢下降 4 秒，在动作的最低点保持姿势并停顿 2 秒，然后控制身体的动作，缓慢恢复至起始姿势（7～8 RPE）。

一旦熟练掌握了动作，就可以使用更多组数和次数的训练方案：完成 3 组，每组 10 次，然后以正常速度恢复至起始姿势（7～8 RPE）。

培养和巩固
模式

胸椎

无支撑的活动控制：俯卧撑矫正动作

俯卧撑是一个被低估的动作，很多健身爱好者都会在举重生涯的早期放弃它，转而进行卧推及其他各种动作。然而，特别是当拥有与健美运动员类似的身材不是你的目标时，只要正确执行，俯卧撑其实是非常有用的动作，它可以带来许多益处。

在做俯卧撑时，腹部肌肉在稳定脊柱方面起着重要作用，因此做俯卧撑后无须单独进行腹部训练，这使其成为非常节省时间的一个动作。

俯卧撑是一种闭链动作，手脚在地板上"锁定"，迫使上半身协调工作，这与开链的、有支撑的动作形成鲜明对比，从而可能会给某些人带来困扰。

你可以改进这个动作，从而增加躯干和上肢的不同肌肉的负重。例如，将一只手放在药球上进行俯卧撑会对腹部肌肉构成强大挑战，而拍手俯卧撑是对胸部、手臂和肩部肌肉的爆发力的有效测试手段。

这个动作可以在任何地方进行，无须任何器械。

▼ 只要做得对，这个古老的动作能发挥多种功效。

常见的俯卧撑问题

如果你在俯卧撑评估测试中遇到困难，或者根本无法完成测试，那么很可能是以下两方面中的一个或两个出现了问题。

从上方看，如果手臂和躯干呈T字形而不是一个箭头，那么这就是错误的。因为这样会导致肩部承受异常的压力，特别是在动作的最低点，可能会导致疼痛和发炎。

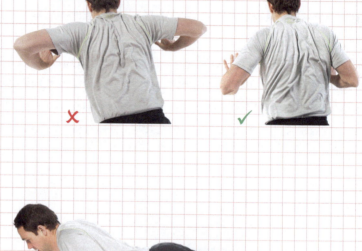

髋部在做动作的过程中容易下沉，这会导致脊柱承受不适当的压力。这通常是由于缺乏对躯干姿势的意识或足以稳定躯干的力量造成的。

做俯卧撑时髋部下沉

下图展示了正确的俯卧撑动作的关键点。

肩部后收、下沉并向脊柱方向旋转　　　髋部或膝部不下沉，股四头肌和髋屈肌收紧

头部中立，与脊柱对齐

髋屈肌和躯干被激活，髋关节与脊柱保持最佳姿态

脚垂直于地板——脚尖撑地，脚后跟向上

平板支撑

平板支撑可以保证做俯卧撑时身体具有正确的姿态，并能强化相关的肌肉组织。

■ 采用标准俯卧撑的起始姿势，确保按照所有关键点进行。
■ 按照时间要求保持姿势，或保持到姿势变形为止。
■ 尝试在脚下放一个泡沫轴，这样做会迫使身体必须呈一条直线。

目标时间逐步增加到 2 分钟。

如果最初无法实现这个目标，可以通过训练加强能力，例如进行 2 ～ 3 组平板支撑，每组保持 30 ～ 60 秒，中间休息30秒。你可以定期测试最长保持时间并相应地调整练习时间。注意，无法维持正确姿势时就要停止。

上斜式俯卧撑

正如我们在第 1 章讨论的那样，上斜式俯卧撑比以膝关节为支点的俯卧撑锻炼效果更好，因为后者无法培养正确的姿态或动作模式。如果你通过标准平板支撑训练加强了正确身体姿态意识，即使还缺乏做出完整俯卧撑的力量和控制能力，你也可以使用这个动作来培养动作模式。

培养和巩固模式

■ 采用俯卧撑姿势，手放在箱子、台阶或楼梯上。

■ 平台越高，需要提升的"负重"越少。找到最适合自身能力的平台高度。

■ 降低身体，身体保持正确的姿势。返回起始姿势时，想象将平台推离自己。

完成 3 组动作，每组 10 次。一旦你可以正确完成动作，就可以降低平台的高度，逐渐朝着标准动作前进。

无重力俯卧撑（阻力带辅助）

一旦你培养出了正确的姿势和动作模式，就可以开始在地板上练习了。你可以将此动作与前两个动作结合进行，从而为做出标准的俯卧撑动作强化力量并培养动作模式。

使用阻力带时还需要一名助手配合，主要出于两个原因。一是它提供了躯干姿势的本体感受反馈；二是可以在助手的帮助下，完成上升阶段的动作。

■ 采用标准俯卧撑姿势，就像做平板支撑一样。

■ 在完全控制和保持正确姿势的情况下，将身体下降到地面。

■ 将膝盖放至地面，返回起始姿势并重复动作。

■ 如果有助手，让他们站在旁边手持阻力带，将阻力带绕在自己的髋部位置。

完成 3 组动作，每组 10 次。

培养和巩固
模式

第 4 章　无支撑的活动控制能力矫正动作

标准俯卧撑

通过前面的练习，你应该知道自己何时能做标准俯卧撑了。

巩固模式

- 双手放在地板上，从起始姿势开始。
- 在身体下降之前，确认所有关键点都正确。
- 控制身体下降的动作，直至胸部与地板的距离大约为一拳。
- 保持姿态，推压地板，返回起始姿势。
- 重复。

目标是完成 3 组，每组 10 次。

即使你只能完成 1 次俯卧撑，也要做，然后采用无重力俯卧撑或上斜式俯卧撑来完成剩余的次数。尝试在每次训练中加入 1 个标准俯卧撑。

无支撑的活动控制（可选）：反向划船矫正动作

　　反向划船是一项很好的加强上背部力量的动作，它还有助于解决车手所面临的一些体态问题。如果正确进行练习，它的作用类似于俯卧撑，有助于提高躯干和后链的稳定性。由于它可以锻炼拮抗肌群，因此它可以与俯卧撑搭配一起训练。

　　它与俯卧撑基本上是相同的机制，因此俯卧撑的许多关键点对反向划船同样适用，只不过在反向划船中身体是向相反的方向运动的。但是，我们发现，在进行反向划船动作之前，通过俯卧撑来学习动作要领通常更容易。

　　如果要进行反向划船动作，你需要某种悬挂训练装置（如 TRX）或类似单杠的器械。因此，这个动作是评估测试的一个可选项，但如果你有条件，反向划船动作还是值得进行的。和深蹲与分腿蹲的关系一样，当你掌握了俯卧撑的动作要领，再进行反向划船应该就不会有什么问题了。这样一来，矫正动作的数量较少，肯定感觉像是在训练。

　　无论进行的是反向划船的哪种变体动作，都要避免过度的上拉动作。许多人过度上拉，认为这样更好，但这其实可能会导致某些问题。比如，这样做会导致肱骨头向前滑动，在肩关节处产生不必要的活动，可能引发炎症，最终导致疼痛。在进行任何有关拉的动作时，必须保持肩关节与身体呈一条直线。

多级反向划船

就像我们抬高上身，改变做俯卧撑的角度一样，反向划船也可以这样，让动作更容易完成。在反向划船中，身体越接近水平，动作做起来就越困难。

■ 做好反向划船动作准备，让身体与地面呈大约 45 度角。

■ 以此角度进行练习，目标是在 7 ～ 8 RPE 下重复 10 次。

■ 一旦可以完成 3 组，就降低身体高度并重新开始整个练习。

■ 在脚踝下面放一个泡沫轴，这样有助于获得并保持正确的身体姿势，因为它强迫足背屈，从而让整个前链参与动作。

多级反向划船的目标是在 7 ～ 8 RPE 下完成 3 组，每组 10 次。

培养和巩固模式

45度角

使用泡沫轴

脚抬高反向划船

通过抬高脚来增加动作的难度。

- 使用箱子或台阶抬高双脚。
- 保持正确和稳定的身体姿势。

目标是在 7 ～ 8 RPE 下重复 3 组，每组 10 次。

巩固模式

负重反向划船

增加负重的反向划船是上一个动作的进阶动作。这对躯干肌肉和上背部肌肉保持正确姿势并拉到指定位置来说是一个挑战。

- 与上一个动作一样做好准备，在腹部放一个杠铃片。
- 保持正确姿势，不要让杠铃片把身体压弯。

目标是在 7 ～ 8 RPE 下重复 3 组，每组 10 次，然后增加负重。

巩固模式

气动收益 2

在第 1 章中，我们讨论了如何通过增加关节的活动范围来获得气动性更强的骑行姿势。在训练计划的这个阶段，以及随着进入第 5 章中更高级的负重训练，车手将通过提高维持姿势的力量，建立一个向踏板传递力量的更稳定的平台，以加强气动收益。

在第一次关于气动收益的讨论中，我们介绍了骨盆前旋对于在自行车上实现平背姿势的重要作用。然而，更平的背部姿势只是骑行中的一部分，因为你还需要有维持姿势的能力。实现这一目标的关键工作，是增强臀肌的力量，以便保持稳定的骨盆姿势，并通过标准平板支撑和侧平板支撑动作来培养良好的躯干力量和稳定性。

良好的肩关节活动范围同样需要控制能力和力量，这样颈部才可以有效地伸展——使车手更容易看清前方的道路，并保持最佳的头部气动姿势。此外，肩部还是在气动姿势中承重的基础。由于上半身的力量往往相对较弱，肩部几乎总是在限制车手的运动。你可以看到，肩关节和肱

三头肌力量较弱的结果是，头部稳定性差，颈部疼痛，需要不断改变姿势来缓解紧张或疼痛。每次活动头部或改变气动姿势都会浪费时间。虚弱的上半身会影响臀部和髋部的发力。当上半身疲惫而无法保持姿势时，你会发现自己在车座上前后移动，以试图减轻手臂和肩膀的压力。但在车座上的每一次变动都会损失能量。进行各种平板支撑、俯卧撑和反向划船系列动作就可以显著增强上肢的力量。

由于气动姿势是一种静态支撑姿势，因此在完成有支撑的活动控制矫正动作后，你会取得重大进步。继续进行无支撑的活动控制矫正动作，如深蹲，无疑能够强化关键的关节和肌肉，从而帮助你更好地保持气动姿势。重要的是，不要忽视实际骑行训练，它可以培养你在气动姿势下的耐受能力和适应能力。如果你发现自己还没有或无法进行无支撑的活动控制矫正动作，那你应继续进行更多有支撑的动作。这些动作的效果仍然可以很好地转移到骑行上，让你从中受益。

◄ 加强和改善上肢与躯干的灵活性可以让你保持气动性更强的姿势。

进度安排

由于此级别的动作更像是实际训练，我们也开始加入负重，因此对于如何安排动作，需要你进行更多的思考并采用不同的方式。这种级别的车下体能训练可能会对骑行训练产生严重的负面影响；反之，骑行训练也会影响车下体能训练的效果。遵循本章开头列出的指导原则，在骑行训练减少或强度低的时间段专门安排车下体能训练。

RPE

我们使用简单的 RPE，而不是 1RM 指标，因为后者对于大多数非专业的运动员来说可能是危险的，而且也不准确。RPE 不仅能提供准确和个性化的方式来确定动作组数和次数，还有助于练习者提高对身体的感知能力。

深蹲

几乎所有包含力量训练指导的自行车训练书籍都一定会提到深蹲动作。毫无疑问，它是一个非常有效的动作，但是通过阅读本书，希望你能够了解这个动作的复杂性。对于绝大多数车手来说，去健身房、装上杠铃片、做深蹲动作，可能会带来灾难性的后果。当你到达训练计划的这个阶段时，需要花时间完成深蹲系列练习，不要急于增加负重，等到你完全确信自己能够正确完成动作时再增加负重也不迟。

更上一层楼

如果你通过进行矫正动作成功地通过了评估测试并且经常进行第 4 章中介绍的高级别动作，那么你已经达到甚至超过了许多精英车手的体能水平。

如果你想继续进行车下体能训练，本章将向你介绍如何制订更高级别的训练计划，并提供一些关于训练的建议。即使你尚未进入此阶段，也可以阅读本章，因为本章将为你提供有关训练计划和课程结构的信息。

如果你还没有达到这个级别，也不要灰心丧气，一定要坚持做该做的训练。事实上，骑车、日常生活、遗传基因和伤病共同限制了动作模式，也就是说，有些车手做某些动作时一直都有困难。即使你在较低级别的矫正动作中遇到瓶颈，只需保持这种能力水平并继续专注改善自己的弱点，你同样可以改善自己在车上和车下的能力。这让我们再次回到了本书最早提出的一个关键点：任何车下体能训练都必须根据车手的个体需求进行个性化定制。

▼ 许多职业车手仍然没有达到这个体能级别，因此，即使你不能够完成本章的训练动作，也可以成为健康的、成功的车手。

制订计划

我们已经在第 4 章给出了一些关于安排车下体能训练的指导原则。其中一些动作会产生大量的训练负荷，因此你必须考虑它们会如何影响你的骑行表现和训练安排。当你完成了高级别的矫正动作，进入本章进行更高级的动作时，有必要采用更加结构化的方法来确定如何将车下体能训练融入整个训练计划。

制订详细的训练计划是一个耗时但非常有价值的过程，因为通过设定具体训练周期的目标和期望，你可以最大限度地减少车上、车下训练之间的相互干扰，并最大限度地提高训练收益。拿起纸和笔，确定具体的训练周期，它可以成为改善运动表现的有力工具。本书不会详细介绍如何制订计划，但是通过遵循一些相对简单的指导原则，你同样可以制订出一份计划来优化训练时间。你应该记住，虽然规划工作很重要，但实施计划更重要！很多人为了制作一份复习时间表而"精心设计"，让本来就有限的复习时间所剩无几。不要对你的训练做同样的事情。

需要做什么？

你首先要考虑的是，你要实现什么目标，实现这一目标需要具备哪些条件。在英国自行车队中，"赢得胜利需要什么"这个问题的答案是我们所做的一切工作的核心。一旦我们确定了一个目标，例如在团体追逐赛中获得金牌，我们就要计算出车手们如果想赢，成绩，也就是时间应为多少，然后计算出他们实现这一时间目标所需的功率输出。然后我们会检查还有多少天可以用来实现这个目标。接下来，就是从这个目标倒推，制订提升车队成员的运动表现的训练计划。当你确定了今年的主要目标后，你也要做同样的事情。一般来说，你的身体需要 8 ～ 12 周的锻炼才能发生实质的变化。因此，如果可能，在计划周期和训练内容时，要考虑这一点。

你的训练年

在某种程度上，工具辅助自我手法治疗（TASMT）、拉伸，包括培养模式的动作，可以全年进行，这些动作不会引起太多疲劳或对你的骑行表现造成太大的影响。因此，你可以在整个赛季和重要赛事期间持续进行这些动作。然而，第 4 章和本章的高级别动作需要在骑行表现不太重要的时期，如休赛期，进行集中训练。

大赛之前

就像你在重大赛事前的骑行训练要减量一样，车下体能训练也必须如此。训练减量通常从比赛前 14 ～ 28 天开始。减量期的具体长度和性质取决于许多因素，非常个性化，这通常是一个试错的过程。但是，从比赛前 7 ～ 10 天开始停止任何负重力量训练是常规的操作。

对于每周进行 2 次训练的车手来说，赛前减量的安排可能如下。

▲ 在重要赛事之前，车上训练减量的同时也要调整车下训练。

■ 3 周前，力量训练课程减少到每周 1 次。训练负重减少 50%，这一做法与该领域的研究结果一致。训练强度应该至少保持与减量前一致，甚至可能增加，即尝试举起相同的或更大的重量。

■ 2 周前，力量训练量进一步缩减，每个动作从 3 组减到 2 组。

■ 1 周前，不进行力量训练。

正如我们之前讲的那样，训练计划是非常个性化的，因此在赛事结束后，你一定要反思自己的表现以及对表现产生影响的因素，然后对下一场赛事的训练计划进行相应的调整。

一旦你有了一个粗略的整体训练计划，将训练年以 8 ～ 12 周为一个周期进行划分，就可以开始安排每个阶段的训练细节，确定车上和车下训练的重点了。

制订训练计划的方法有很多，关键是制订的计划要对你有意义，而且你要相信自己的这份计划。制订训练计划的一个原则是，从更通用的体能训练开始，随着赛事的临近，不断增强针对性。例如，你每周训练6次，周期的前3周平均分配，也就是每周3次骑行训练、3次力量训练。然后，增加骑行训练，可能变为每周2次力量训练和4次骑行训练。随着赛事越来越近，逐渐减少车上和车下训练，分别为每周1次力量训练和3次骑行训练。根据赛事的不同，训练的重点及训练量也会发生改变。例如，针对计时赛，骑行训练将从公路自行车赛的一般体能训练过渡到计时赛强度的训练。这与车下训练的减量可以同时进行，因为这个训练不会对要求苛刻的骑行训练产生负面影响。首先奠定体能基础，然后专注于重大赛事的具体要求，这个原则应该是训练中不变的主题。一个很好的比喻是建房子，无论四壁和屋顶看起来多么华丽，如果没有坚实的地基，房屋终将倒塌。

周规划与课程安排

在进入本书的这个阶段之后，你应该已经非常熟悉评估方法以及如何参考评估结果重新测试，确定需要锻炼的部位。即使你已经"通过"每次的测试，但是在一天的艰苦骑行或长时间驾车之后，受到其他许多因素的影响，身体的某个部位可能仍需要做一些矫正动作来锻炼一下。你甚至可能发现，为了能够正确进行一些更高级的动作，你需要在负重训练的准备过程中就加入一些矫正动作。

日常训练课程指导原则

你还应该每天持续进行一些适合自己的矫正动作，每次只需要进行很少的训练，坚持才是关键。

■ 每天可以频繁地进行短时间的训练。

■ 还可以根据实际情况安排一个时间较长的专项课程。

■ 训练的内容主要包括TASMT和拉伸动作。

■ 从评估测试中选择容易得到的成果（即选择最有效的动作）。

■ 完成动作并不断重新评估，检查是否有所改善。

■ 你每天的训练内容都可以有所不同。

■ 可以在常规训练前或训练后进行，也可以在一天中的任何时间进行，甚至可以在晚上看电视时进行！

◀ 先奠定坚实的一般体能基础，再专注于赛事的具体要求。

力量训练课程指导原则

在第 4 章中，我们列出了一些指导原则，说明如何将训练课程与要求更苛刻的训练项目结合到我们平时的日程安排中。随着训练动作变得更加高级，负重增加了，训练的重点转移到真正的力量收益上，这时可以参考力量训练的指导原则。

■ 每周进行 2 ～ 3 次训练课程（取决于训练周期的目标、所处的赛季阶段以及重要比赛的日期）。

■ 确保每次课程间隔 48 小时。

■ 参阅第 4 章中的指导原则，尽量减少耐力训练和力量训练的相互干扰。

■ 理想情况下，每次课程应该包括一个铰链、一个深蹲 / 分腿蹲、一个推和一个拉的动作，最好再包括一个躯干动作。

■ 选择适合你的动作——不一定要进行所有高级别的动作。

■ 你可能需要在课程中安排时间进行 TASMT 和拉伸的矫正动作，以便能够完成某个动作。

■ 可能不是所有动作的完成度或身体部位的表现都处在同一水平。例如，你可能已经开始进行负重深蹲和铰链动作，但俯卧撑和反向划船仍然处于培养动作模式阶段。这并不是问题，可以将不同水平的训练动作安排到课程中，它们的表现会不断变化和波动。

课程结构

理想情况下，每次课程应包括铰链、深蹲或分腿蹲、推、拉等几个训练动作。如果有时间，还应包括躯干动作。

将你认为最难的动作放在首位，因为

这样可以让你将更多精力放在最难的动作上。优先考虑个人弱点，因为这是你可以通过训练获得最大收益的方面。此外，你会发现优先进行最具挑战性的动作，对身体和精神疲劳的影响也较小。

举例来说，如果完成铰链和俯卧撑动作有困难，你可以这样安排：

1. 负重铰链；
2. 俯卧撑；
3. 高脚杯深蹲；
4. 反向划船。

或者，如果完成深蹲和划船动作有困难，可以这样安排：

1. 高脚杯深蹲；
2. 反向划船；
3. 负重铰链；
4. 俯卧撑。

使用 RPE 来指导负重的选择；RPE 分数应保持在 7 ～ 8。当你变强时，负重应增加，让努力程度保持在这个范围（指 RPE 分数为 7 ～ 8）内。请记住，你不仅要能够使用负重进行训练，在负重时保持良好的姿势也同样重要。

训练之间的恢复是一个重要因素，但在实施训练计划的过程中运动员往往在这方面执行不力。耐力运动员经常拒绝休息，认为在一次训练中加入的内容越多越好。

一般来说，你应该留出足够的休息时间，以便能够以最大的努力和最好的质量完成下一组动作。为了增加力量，同一动作的每组之间通常休息 2～3 分钟。但是，随着力量的变强，你可能需要更长的休息时间，才能保持足够的努力程度。一些场地赛冲刺型车手在两组大负重深蹲之间至少需要休息 5 分钟。

这样安排的问题是，如果你不是全天都在训练的职业运动员，完成每次课程可能需要很长时间。解决这个问题的一个方法是，依次进行一组针对身体不同部位的动作，例如，深蹲和反向划船可以一起进行，铰链动作和俯卧撑也是。在这种情况下，

你仍然可以以良好的水平完成训练，同时更节省时间。例如，你可以先做一组深蹲动作，然后休息 90 秒，再做一组反向划船动作，再休息 90 秒。通过节省同一动作的组间休息时间，你可以更有效地控制整个课程的时间和你自己的疲劳程度。

一旦你能够以相当水平的负重完成第 4 章中介绍的高级别动作，你就可以自己决定如何继续进行训练以及如何改变训练流程。第一种方法是坚持进行相同的动作，只是你需要不断地调整训练强度和训练量。

▼ 动作组间充足的休息与单组和单次之间的休息一样重要——耐力运动员经常忘记这件事情！

第二种方法是进行下面介绍的一些更高级的动作的变体。

这两种方法并没有对错之分。我们的一般理念是尽量把基础打扎实，所以，在大多数情况下，我们会选择第一种方法。但是，在某些情况下，它可能不合适，你可能希望加入或替换某些动作。也许你能使用的负重很有限；或者，在你进行深蹲时发现腿部的力量已经超过了双手可以承受的重量；又或者，你只是想在训练中加入更多花样。

组数、次数与动作速度

在第 4 章中，我们介绍了一些动作不同阶段的完成组数、次数和动作速度，举例如下。

3 组，每组 5 次，每次缓慢下降 4 秒，在动作的最低点保持姿势并停顿 2 秒，然后控制身体的动作，恢复至起始姿势（7 ～ 8 RPE）。

3 组，每组 10 次，控制身体的动作，以正常恢复至起始姿势（7 ～ 8 RPE）。

这通常也适用于本章中的高级动作，除非你已达到了按照这个流程增加负重而不会再取得进步的程度，否则无须更改它。

一旦你利用这个相对简单的训练安排取得了最大的进步，就可以开始调整训练量和负重，以便能够继续得到力量训练的收益。一种方法是将训练分为由较低负重配合较高训练量的训练周期以及由较高负重配合较低训练量的训练周期。这样的安排符合循序渐进和超量恢复的训练原则。

基本方法是以 3 周为一个小周期，刚开始进行一定组数和次数的训练，然后略微减少训练量，同时增加负重。从下面这个例子可以看出，随着训练次数的减少，负重需要相应增加，以使其始终保持在 7 ～ 8 RPE 的范围。

第 1 ～ 3 周：3 组，每组 10 次。
第 4 ～ 6 周：3 组，每组 8 次。
第 7 ～ 9 周：3 组，每组 6 次。
第 10 ～ 12 周：3 组，每组 4 次。

另一种方法使用了略微不同的策略，它不是逐步减少训练次数并相应地增加负重，而是每 3 周进行一次较大的改变。我们发现这种方法对于具有更多力量训练经验以及对更大量的变化反应良好的运动员来说更有效。

第 1 ～ 3 周：3 组，每组 10 次。
第 4 ～ 6 周：3 组，每组 6 次。
第 7 ～ 9 周：3 组，每组 8 次。
第 10 ～ 12 周：3 组，每组 4 次。

▶ 车下体能训练所花费的时间将转化为骑行时更高的舒适度、更好的表现以及更多的享受。

高级动作

这些动作并不算多，不过是最高级别无支撑活动控制动作的进阶和变体。除非另有说明，请按照前面给出的组数和次数进行训练。

如果动作是单侧的，如单腿铰链、单臂划船或侧平板支撑，则完成两侧的动作后再休息。

铰链动作

分腿铰链

分腿铰链是一个简单的进阶动作，相较于铰链动作，它增加了单腿的负重，也增加了对髋关节和躯干的稳定性的要求。对于那些掌握了双腿铰链技术但尚未准备好给单腿增加大负重的人来说，这是一个不错的动作。如果使用的负重太轻，实际上你可能会退步，所以一定要在训练安排中加入常规的铰链动作。

- 按照常规髋关节铰链动作进行准备。
- 一条腿后退一步。
- 移动重心，使后腿仅起到部分稳定身体的作用。
- 正常进行髋关节铰链动作，目的是尽可能增加前腿的负重。
- 换腿并重复动作。

单腿铰链

单腿铰链是一个具有挑战性的重要动作。它和其他铰链动作的区别是只用一条腿进行，这样可以增加站立腿上的负重，也有助于强化脚和脚踝。

- 按照分腿铰链动作进行准备，将后腿完全抬离地面。
- 不要试图保持后腿伸直，建议后腿保持90度弯曲。
- 不要勉强进行过大幅度的活动——保证正确的姿态。
- 背阔肌发力，肩部向后收紧，辅助维持脊柱姿态。
- 如果手握重物，则每次进行动作时不要让重物或后脚接触地面。

第 5 章　更上一层楼

壶铃摇摆

加快完成动作的速度是另一种铰链动作的变体，与增加负重或减少支撑不同。加快速度可以迫使髋部和躯干周围的肌肉以更加本能的方式工作，这通常更符合体育运动的实际情况。壶铃摇摆是个动态铰链动作。它最适合使用壶铃进行，但也可以使用哑铃或带手柄的杠铃片。

■ 将壶铃放在双脚之间的地板上，双脚分开与髋同宽，下蹲抓起壶铃。

■ 向前做铰链动作，让壶铃向后摆动到双腿之间，重心向后压在脚后跟上。

■ 从铰链姿势爆发式地站起，将壶铃摆动至肩部高度。

■ 到达动作的最高点后支撑并控制壶铃，使其向下摆动，同时身体返回铰链姿势。

本动作中，慢节奏完成 3 组。每组 5 次的训练量不适用，应采用完成 3 组、每组 10 次的训练量。

深蹲 / 分腿蹲

使用阻力带辅助壶铃 / 哑铃深蹲

几乎任何深蹲动作（包括分腿蹲的变体）都可以通过使用阻力带（与用于辅助拉伸的产品相同）进一步增加负重。使用阻力带有许多好处，主要是可以用最少的器械增加负重。根据我们的经验，阻力带有助于动作的完成，因为站起时负重会逐渐增加，阻力带会迫使你继续努力完成动作。此外，这种动作可以用于赛前训练，因为它在姿势最低点没有负重，这样在保持了力量训练的效果的同时，降低了导致肌肉酸痛的可能性。

■ 将阻力带绕在单脚（分腿蹲）或双脚（深蹲）和斜方肌上。

■ 正常地做动作。

单臂壶铃深蹲

单臂壶铃深蹲是一个既可以增加负重，又能获得高脚杯深蹲动作效果的好动作。该动作通过握住壶铃并用肩部支撑它，让身体承受更大的重量，从而进一步加强腿部力量。

■ 选择一个你能够抬到肩部高度的壶铃，也可以请助手帮助你抬起壶铃。
■ 壶铃应该压在前臂、肱二头肌和肩部位置。腕关节保持中立，正手握住壶铃。
■ 准备好后，正常深蹲。

弓步变体

各种弓步变体动作是分腿蹲的进阶动作。这些动作能锻炼身体承受冲击力的能力，以及强化我们对身体的控制能力。根据我们的经验，后弓步更容易学习，因为人们似乎可以更好地保持后弓步姿势，而前弓步则需要身体具备先减速再加速的能力。对某些人来说这可能非常具有挑战性。我们建议先只用自重进行这些动作，然后逐渐增加外部负重。如果读者对姿势和动作有疑问，可参阅第 4 章中的分腿蹲矫正动作。

一般来说，我们会从"分解"动作开始，缓慢下降、停顿，然后返回至起始姿势。这样我们可以更好地感受姿势，而且能更正确地执行动作。在此阶段之后，应该加快动作速度，最后添加外部负重。

后弓步

在这个动作中，首先向后退一步做出分腿蹲的姿势，然后降低身体以完成分腿蹲动作。最后，在动作最低点发力，返回起始姿势。

前弓步

与后弓步基本相同，只不过是向前迈步。

上肢推压类动作

锻炼上肢推压类肌肉有很多动作可以选择。作者更喜欢自重训练，而不是使用杠铃或推胸器械进行训练，因为前面提到过，自重训练可以提高躯干稳定性和肩部稳定性。

负重俯卧撑

为俯卧撑增加负重是增加上肢肌肉和躯干肌肉训练压力的好方法。你可以在背部放置杠铃片或使用阻力带来增加负重。

■ 如果使用杠铃片，应将它们放在髋部和腰部位置，这可以防止肩关节活动受限。如果杠铃片位置过高就会有问题，同时这对躯干的挑战更大。

■ 如果使用阻力带，阻力带应该绕过背的中下部，而不是上背部／肩部。

窄距俯卧撑

这个俯卧撑变体动作增加了肱三头肌的负重。

■ 按照普通俯卧撑姿势进行准备，但双手的间距要小于肩宽。

弓箭手俯卧撑

弓箭手俯卧撑通过采用不对称的双手位置，显著增加了单臂的负重。这是可以向单臂俯卧撑发展的一个进阶动作，该动作完成起来非常困难，因为其对上肢和躯干力量都有很高的要求。

- 按照正常的俯卧撑姿势进行准备，然后将一只手臂向外移动。
- 你可能还需要增大双脚的间距。
- 做俯卧撑动作，尽量少借助外展手臂的力量。
- 力量变强后，抬起外展的手臂，进阶到单臂俯卧撑动作。

单腿俯卧撑

这是俯卧撑的另一种变体，它增加了对躯干的稳定性要求。

- 做常规的俯卧撑动作，但要在完成一组动作时抬起一条腿，或者每完成一次交换抬起的腿。

蜘蛛人俯卧撑

这是单腿俯卧撑的一个进阶动作，进一步增加了对躯干的横向稳定性和控制能力的要求。

- 做常规俯卧撑，但是，在下降阶段，将一条腿抬至体侧。
- 每完成一次就换一条腿抬起。

上肢拉动类动作

单臂悬挂训练器划船

与其他单肢训练动作一样，单臂悬挂训练器划船动作增加了对躯干稳定性的要求，因此也增加了训练收益。除此之外，它还增加了对肩部稳定性的要求。

- 使用悬挂训练器或者固定在史密斯架或深蹲架上与髋部同高的杠铃杆。
- 正握手柄，膝关节弯曲至 90 度，双脚平放在地板上。
- 确保身体从膝关节到肩部呈一条直线。
- 放开一只手，身体用力，不要向一侧旋转，保持身体竖直。
- 保持正确的身体姿势，将胸部拉向训练器，然后返回起始姿势并重复动作。
- 进阶动作：双腿伸直。

引体向上

如果你已经掌握了前面所讲的水平拉动类动作的要领，就可以开始进行引体向上动作了。但需要注意的是，引体向上是一个非常难的动作，对于一些人来说，要达到熟练的程度可能需要相当长的训练时间。然而，如果正确进行，这是一个能很好地增强上肢肌肉力量的动作，也可以对躯干产生强力刺激。

你可以用多种不同方式握住横杠：手掌向前、手掌向后或手掌相对。由于肌肉不会发生显著的变化，因此无法说某一种握杠方式比另一种更好，我们通常建议定期更换手握横杠的方式，从而全方位加强上肢肌肉。

■ 无论使用哪种握杠方式，上拉动作都要慢且进行主动控制，身体不要摆动或出现"鲤鱼打挺"的情况。

■ 保持双腿伸直，双脚背屈，脚后跟朝下，脚趾努力靠近小腿。

■ 用力上拉，让胸部靠近横杠。

■ 在前几次尝试中，你可能很难完成一组甚至一次动作，因此稍微放低标准是有必要的。减轻负重的一种简单方法是使用阻力带来辅助完成上升阶段的动作。

■ 一旦能够熟练完成引体向上，就可以通过多种方式增加负重，最简单的方法是用脚钩住重物。这样有助于在加强上肢肌肉组织的同时强化动作要点。

躯干

静态侧平板支撑

类似于标准平板支撑，侧平板支撑可以锻炼躯干肌肉的耐力以及躯干的横向力量。

■ 侧卧，双脚并拢，下方的手臂位于肩膀下方。

■ 收紧躯干，将臀部抬离地面，直到身体从头到脚呈一条直线。将体重都施加在肘部和下面脚的外侧。

■ 保持正确的姿势，不要让髋部下沉，身体也不要向前或向后旋转。

■ 目标是逐步加强到每侧坚持 90 秒。

如果最初无法坚持 90 秒，按照完成 2 ～ 3 组、每组坚持 30 ～ 60 秒进行，组间休息 30 秒。定期测试最长坚持时间并相应地调整时长，但要确保完成动作时姿势正确。

动态侧平板支撑

动态侧平板支撑是静态侧平板支撑的一个进阶动作，可用于训练躯干的反应能力（即执行动作时保持稳定的能力）。它有很多种变体，但我们首选以下两个动作。

侧平板抓举

■ 按照普通侧平板支撑的姿势进行准备，上方手握持一个哑铃。
■ 上方手臂向上伸展，爆发式地将哑铃举向天花板。
■ 慢慢将哑铃下放到起始位置。

侧平板抬腿

■ 按照普通侧平板支撑的姿势进行准备。
■ 保持侧平板支撑姿势的同时，抬起和放下上面的腿。

以上两个动作都可以根据时间进行，目标时长是60秒。也可以使用更大的负重进行，特别是动态侧平板支撑，目标可以是完成3组，每组10次。

集体课程和 CrossFit

无论你的自行车俱乐部在休赛季组织的训练课程是军队训练营风格的课程还是 CrossFit（原意为"交叉配合"，在体育领域指起源于美国的一个健身训练体系），集体课程都可以成为有趣的且令人兴奋的车下训练方式。毫无疑问，这种类型的课程可以让很多不愿意一个人训练的人动起来，但是，集体训练是否应该成为你常规训练的一部分呢？

在参加集体课程前你要考虑许多因素。如果你决定参加了，你还要思考可以采取哪些方法来最大限度地降低受伤的风险并最大限度地增加收益。

重要的是，要弄清楚锻炼和训练之间的区别。锻炼是指为可能带来的健康益处而进行的身体活动。训练是指有长期目标，通常是提高在某个体育项目中的运动表现而进行的身体活动。集体课程的性质倾向于锻炼，因此，在安排训练内容上，往往是随机的。你确实能做一些对骑行表现有益的动作，但这可能更多的是靠运气而不是计划。此外，如果一个班级中有 30 个学员都在做同样的动作，几乎可以确定，这个动作并不适合所有人。本书的一个观点是，一刀切的方法绝非理想的车下体能训练方法。不幸的是，集体课程的本质意味着它们恰好属于一刀切这个阵营。

从理论上讲，所有动作都可以被修改或调整以适合参与者，但在集体环境中，教练不太可能进行个性化的辅导，因此也无法确保整个班级中的所有人的姿势都正确。许多这样的课程是商业性的，也就是

说，参加的人越多，教练或健身房挣的钱就越多。同样要记住，集体课程的技术训练可能相当有限，特别是在针对伤病问题时。此外，许多这类课程的副作用是"拔苗助长"，这可能导致学员进行一些超越自身能力范围的训练，从而产生危险。虽然超越自认为的能力限制可能是一件好事，因为它是改善、适应和提高运动能力

的前提之一，但是一定要注意受伤风险的存在和过度训练的潜在问题。

毫无疑问，如果你按照本书提供的评估测试和建议的动作进行训练，你的身体将变得更强，更能应对这种动作对身体的要求。你还将更加了解自己目前的不足，并能够就具体动作是否适合自己做出更明智的判断。

我们绝对不是说你不应该参加集体课程，但是你必须对这种课程保持审慎的态度。如果感觉动作不适合自己或发现自己的姿势变形，应该及时调整、停止或跳过这个动作。不要被教练、课堂气氛或自己的压力所压制——你的主要目标是获得更强大的骑行能力，而不是做课堂里的好学生！

▼ 集体课程可以调动你的积极性，但如果内容不适合你，不要害怕说"不"。

器械训练与自重训练

每当人们谈论力量训练时，都会就一种训练方式是否优于另一种方式进行争论。一个更常见的争论是，是否应该进行自重训练，例如是进行本书中的那些训练，还是使用器械进行训练。

每种训练方式都有支持和反对的声音。而实际上，进行两种类型的力量训练都有好处。当谈到器械或自重训练时，许多人觉得必须站在一个阵营或另一个阵营。我们真的不明白为什么非得二选一。

就像大多数事情一样，选择使用哪种方式，取决于你想要实现什么样的目标。一旦你知道自己想要实现的目标，就可以去找适合的工具达成该目标。你肯定不会用螺丝刀砸钉子。同样，对于某些训练目标，使用器械更好；而对于另外一些目标，使用自重则是首选。

我们让精英运动员使用器械进行负重训练，可能有以下几种不同的情况。

1. 当运动员受伤或刚从伤病中恢复时，使用器械的负重训练，可以在不对受伤部位施加压力的情况下让运动员取得训练效果，例如，当运动员的一条腿受伤时可使用单侧压腿机。

2. 当运动员需要改善某个肌群或动作时，例如，如果运动员的股四头肌/腘绳肌比例不当导致膝关节出现问题，则可能需要针对腘绳肌进行训练。器械是使肌群实现超负重的有效方法。

然而，器械也有其局限性，它们大多在一个固定的活动平面内工作。在本书的开头，我们谈到自行车运动是一种"窄"活动，所以在这种情况下，我们需要摆脱固定的活动范围，挑战单个活动平面之外的身体训练，以打造坚实的体能基础。这就是为什么本书主要提供自重训练动作，让身体全方位接受挑战，这能使许多在骑行中被忽视或未被充分利用的小肌肉参与运动，从而全面改善身体的能力和健康状况。

◄ 固定的力量训练器械在某些训练场景中占有一席之地，但一般来说，自重训练更可取。

走向成功的规划

一旦你到达训练计划的这个阶段，正确规划你的年、周、日和每次课程都至关重要。你需要确定所选目标赛事的需求以及安排力量训练的最佳时间。通过规划，你将最大限度地减少力量训练和骑行训练之间的负面干扰，并使训练收益最大化。

赛前减量

规划工作的一部分是重要赛事前的减量，这同时适用于车下训练和骑行训练。它不应该是一个突然的停止，而应是一个有计划的、逐渐减少的过程。不同运动员对减量的反应各不相同，所以尽管我们给出了指导原则，你可能仍然需要进行试验和调整，以找到最适合自己的方法。

不要忘记基础

不要因为已到达训练计划的这个阶段，你就认为自己已经不再需要评估测试和矫正动作了。你仍然应该每天进行一些适合自己的TASMT 和拉伸动作，并通过定期评估来检查你是否仍然可以进行负重训练。对于大多数车手而言，第 4 章中介绍的负重和培养模式动作可以作为长期的训练内容，因此不要急于尝试进行更高级的动作或更多的组数 / 次数。

安排力量训练课程

在一个训练周内安排力量训练时，应该保证两次训练之间至少间隔 48 小时，从而尽量减少力量训练对骑行的影响。如果你发现情况并非如此，则需重新检查整体计划，可能还要更改训练周期的优先级。

优先改善你的弱点

在每次力量训练课程中，你应该考虑纳入一个铰链、一个深蹲 /分腿蹲、一个推、一个拉，最好再有一个躯干动作。在精神和体力都充沛时，你应该首先进行最难或最具挑战性的动作。很可能你各种动作的完成度并不处于同一水平，例如，尽管你的上肢已经开始做第 5章的动作，但下肢动作仍然处于培养和巩固阶段。不要担心，这种情况会不断变化，这就是要定期重新进行评估的主要原因。

自行车骑行训练突破：力量与体能训练指南

评估流程图

ROM

- 主动直腿抬高 第40～41页
- 膝靠墙 第42～43页
- 坐姿转体 第52～53页
- 手后伸 第54～55页
- ROM矫正动作（第2章）

有支撑的活动控制能力

- 主动直腿抬高和下降 第44～45页
- 双臂靠墙上举 第56～57页
- 有支撑的活动控制能力矫正动作（第3章）

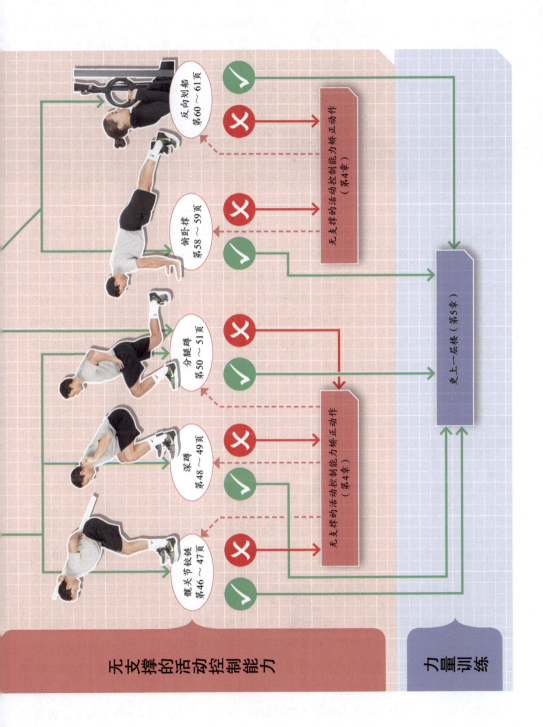

自行车骑行训练突破：力量与体能训练指南

关于作者

菲尔·伯特（Phil Burt）于 1999 年获得物理治疗师资格，从那时起，他就开始与世界上众多运动项目的一些顶级运动员合作。2006 年，他开始与英国自行车队合作。后来，凭借充满活力的、领先的方法，他迅速成为 2008 年北京奥运会、2012 年伦敦奥运会和 2016 年里约奥运会主流自行车队的首席物理治疗师。他曾是"秘密松鼠俱乐部"的主要成员，也是一系列有利于改善运动表现和车手健康的项目的推动创新力量。他对于车座问题的研究成果让国际自行车联盟改变了对车座角度的规定。他是 Bike Fit 方面的世界权威，并且是 Rëtul 全球顾问委员会和 Cyclefit Symposium 组委会的成员。他还为其他精英组织提供过咨询服务。他的著作《BIKE FIT：骑行姿势设定指南》（中文版书名）十分畅销，并帮助很多车手实现了更舒适、更成功且不受伤的骑行。他于 2018 年离开英国自行车队后成立了一家公司，为车手提供一系列服务，包括自行车运动伤病评估与治疗、Bike Fit、气动评估和车座问题检查等。他还为客户提供可以让骑行更舒适的定制产品解决方案和创意。

马丁·埃文斯（Martin Evans）先后获得了体育与运动科学专业的学士学位和教练科学的硕士学位。他曾是英国体育学院（EIS）的力量和体能高级教练，英国自行车队的力量和体能主教练。在与英国自行车队的耐力型车手和冲刺型车手合作的过程中，他在改善车手的运动表现以及避免车手受伤方面扮演了至关重要的角色。他开发的力量和体能训练策略被用于指导英国自行车队的所有运动员。他还是备战 2012 年伦敦奥运会、2016 年里约奥运会和残奥会的工作团队的重要成员。他现在担任足球协会的女子体能表现主管，负责监督女子国际足球队的体能训练。他的职业生涯还涉及其他一些世界水平的体育项目，包括游泳、铁人三项和橄榄球等。